KB031020

Tiny houses

Tiny houses

타이니하우스,
집 이상의 자유를 살다

초판 1쇄 발행 2019년 3월 5일

지은이 엘리자베스 노디노, 브뤼노 티에리, 미샤엘 델로즈
옮긴이 권순만

펴낸이 박희선
디자인 디자인 잔
마케팅 김하늘

발행처 도서출판 가지
등록번호 제25100-2013-000094호
주소 서울 서대문구 거북골로 154, 103-1001
전화 070-8959-1513
팩스 070-4332-1513
전자우편 kindsbook@naver.com

ISBN 979-11-86440-43-8 (03610)

Tiny Houses: Petites constructions, grande liberté
by Elisabeth Nodinot, Michaël Desloges and Bruno Thiéry
Copyright © First Published in French by Rustica, Paris, France - 2018
Korean translation rights arranged through Greenbook Literary Agency
Korean translation copyright © 2019 Kindsbook

Tiny houses

타이니하우스,
집 이상의 자유를 살다

엘리자베스 노디노
브뤼노 티에리
미샤엘 델로즈 지음

권순만 옮김

CONTENTS

작은 집, 큰 자유

전설처럼 전해오는 이야기가 있다(정확하게 기억나지는 않지만 어쩌면 그가 자신의 책《월든》에서 언급했는지도 모르겠다). 헨리 데이비드 소로우[1]가 어느 날 월든 호수에서 세 개의 조약돌을 집어 들었다. 조약돌은 햇빛에 반짝거렸다. 책상 위에 올려두고 그것이 발산하는 아름다움과 광채를 매일 감상하겠다는 생각으로 조약돌을 집에 가져왔다. 그러나 사흘 뒤, 조약돌은 먼지를 뒤집어쓰고 있었다. 먼지를 털고 닦아주어야 했다. 소로우는 문득 자신이 조약돌을 가지고 있으면 매일(아니면 적어도 매주) 그렇게 해야 한다는 사실을 깨달았다. 그는 조약돌들을 다시 가져가 호수에 던져버렸다.

가볍게 살라. 소유물의 노예가 되지 말라. 우리가 돈을 벌기 위해, 물건을 사기 위해 일하는 시간, 확보하고 유지해야 할 시간, 끊임없이 몰두해야 할 시간… 그 시간들을 한가함의 시간, 꿈꾸는 시간으로 바꾸라. 생각과 시와 경탄을 낳는 그러한 상태로 바꾸라.

---

1 헨리 데이비드 소로우(Henry David Thoreau: 1817~1862). 19세기 미국의 철학자이자 시인으로 최초의 생태주의 작가로 평가받는다. 자신의 책, 《월든, 또는 숲 속의 삶》에서 그는 손수 지은 오두막에서 생활한 숲 속의 삶을 이야기했다.

여기, 생태적 위기로 위협받는 우리 인간성의 한 부분을 구원하고 우리 존재에 의미를 부여할 수 있는 기획이 있다. 미니멀리즘은 종종 수많은 방랑자와 비트족과 히피족과 수도자와 예술가와 탐험가들에게서 노마디즘과 짝을 이루었다. 이 책은 그것이 주거양식에서 구현된 형태를 찾아냈다. 내 몸과 함께 이동할 수 있고, 대피소나 안식처의 기본적인 필요에 부응하면서도 약간의 현대적 편의성을 갖춘 작고도 작은 집! 타이니하우스가 그것이다. 이 경탄의 기획은 아마도 독자 개개인이 품고 있을 수많은 자유의 꿈들에 영감을 줄 수 있을 것이다.

— 시릴 디옹, 작가이며 영화감독

"굴러가는 집을 만들어보자"

어린 아이들을 위한 오두막을 연상시키는 이 작은 집들은 건축 디자이너뿐 아니라 일반 대중에게도 많은 인기를 얻고 있다. 브뤼노 티에리와 미샤엘 델로즈의 스토리가 그것을 보여준다. 모든 것은 2013년 여름, 월간지 〈라메종 에콜로지크La Maison écologique(생태주의 주택)〉를 창간한 이방 생주르가 브뤼노에게 프랑스 최초의 타이니하우스를 조립형으로 만들어달라고 요청했을 때 시작된다. 미샤엘도 이 모험에 동참했다.

콩파뇨나쥬(프랑스 각지의 연수기관을 순회하며 기술을 연마하는 장인 제도)를 취득한 목수로 프랑스 망슈 지역[2]에서 기업체를 운영하던 브뤼노 티에리가 오랫동안 고객 담당 업무를 해온 미샤엘 델로즈를 만난 것은 2005년이다. "시골 농부이자 제빵사로 살기 위해 슈퍼마켓 업계를 떠났습니다. 손수 내 집을 리모델링하는 작업을 통해 친환경 자재와 목재를 활용하는 노하우를 얻게 되었죠." 미샤엘의 이야기를 듣고 두 사람은 우정을 맺는다.

두 기업가는 '굴러가는 집을 만들어보자'고 의기투합하고 그 다음 해에 바로 타이니하우스 건축에 착수한다. 브뤼노는 목재를 이용한 친환경 건축 분야에서 쌓은 전문지식을 이 작은 집 짓기에 적용했다. "2015년 1월 첫 번째

---

2 영불 해협이 위치한 노르망디 지방에 위치한 도(道).

66

'바퀴 달린 작은 집'이라는 타이니하우스가 유도하는 생활양식,
즉 절제, 돈과 에너지 절약, 자율과 이동성이 우리 마음을 사로잡았습니다.

우리는 거기에서 합리적인 가격에 꽤 괜찮으며 지속 가능한 거처를 제공하는
새로운 주거양식을 발견했다고 확신했어요.

99

주문품이 완성된 이래로 그 성공 속도에 우리도 놀랐습니다!"

두 사람은 이후 프랑스와 벨기에, 독일, 스위스, 포르투갈 구매자들의 개성
에 따라 각기 다른 타이니하우스를 60채 이상 만드는 실적을 올렸다. "우리
는 환경 친화적인 자재만 사용하며, 두 개의 경사면으로 이루어진 전형적인
지붕 모양에서 탈피해 곡선과 둥근 형태, 그리고 지붕널이나 알루미늄 소재
를 이용하는 등 다양한 아이디어를 도입합니다. … 우리는 이 새로운 주거
양식이 오늘날 전 세계가 처한 주택 위기에 대한 최상의 대안이 될 것이라
고 확신합니다. 그래서 더 널리, 더 많이 알려졌으면 좋겠어요."

실제로 오늘날 유럽 전역에서 개인 또는 젊은 기업인이 만든 타이니하우스
가 늘어나고 있으며, 생태주의와 간소함에 대한 갈망으로 맺어진 커뮤니티
도 다양하게 형성되고 있다.

타이니
하우스의
개념

간략한 역사

소위 '작은 집' 운동은, 아이러니하게도 광활한 영
토를 가진 나라에서 시작되었다. 2013년 평균 주
택 면적이 250제곱미터[3](약 75평)에 달하는 미국
에서, 정신을 차리고 더는 이 광란의 질주를 멈추
어 정반대 길을 가고자 한 사람들이 나타났다.

내게 딱 필요한 규모의 집

이 운동의 선구자는 1935년생 캘리포니아 출신의
로이드 칸Lloyd Kahn이다. 보험 판매원으로 직장 생
활을 시작한 그는 1965년 직장을 뛰쳐나와 목수
가 되었다. 그는 손수 집을 짓고 살면서 자가건축
과 재활용 자재 사용, 자급자족이라는 개념을 발
전시켰고 현장에서 얻은 지식을 몇 권의 책으로
전파했다. 그는 미래주의 건축가인 리처드 버크
민스터 풀러Richard Buckminster Fuller의 '지오데식 돔'[4]
에서 자신의 원리를 재발견했다고 생각해 1968년
작업에 뛰어들지만 결국 실용성이 거의 없다는 것
을 알게 되었다. 이후 로이드 칸은 미국, 아일랜드,

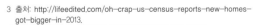

3 출처: http://lifeedited.com/oh-crap-us-census-reports-new-homes-
   got-bigger-in-2013.
4 dôme géodésique. 삼각형을 이어 붙여 반구형을 이룬 다면체.

영국을 돌며 다양한 주거양식에 대한 조사를 이어
갔다. 그는 자신의 작업성과를 한 권의 책으로 요
약했는데 1973년 출간된 《안식처》[5]가 그것이다.
그는 2004년 출판된 《홈워크: 손으로 만든 안식
처》[6]에서 자신이 걸어온 길을 되돌아본다.

'왜 그렇게 커야 하지?'라는 같은 문제의식 속에
서, 건축가 사라 수잔카Sarah Susanka는 우리의 행복
은 집의 크기에 비례하지 않는다고 생각했다. 그
녀는 자신의 저서 《그리 크지 않은 집: 우리가 진
짜로 살아가는 방식을 위한 청사진》[7]에서 집 면
적의 축소가 단지 건축의 목표일 뿐만 아니라 삶
의 목적이기도 하다고 설명한다. 그녀는 웹사이트
에서 자신의 견본주택 설계도도 판매하고 있다[8].
언론 매체의 주목을 받은 그녀는 혁신적인 건축으
로 여러 차례 상을 받기도 했다.

제이 셰퍼Jay Shafer는 처음으로 집을 바퀴 위에 올
렸다. 60대인 그는 18년 동안 자신이 만든 첫 번
째 타이니하우스에서 거주하고 있다. 1999년, 그
는 처음으로 단순한 삶이 주는 이점에 대한 기사
를 썼다. 그는 미국 시골 농가 주택의 건축 양식을
모델 삼아 '이동하는 작은 집'이라는 콘셉트의 주
택 도면을 제시했다. 그리고 2002년 모든 사람이
잘 설계된 경제적인 집에서 살 권리가 있다는 신
념을 담은 최초의 타이니하우스 건축 회사, '스몰
하우스 소사이어티Small House Society'를 세웠다.

연대의 집, 경제적인 집

작은 집 운동은 긴급 주택의 필요와 재정 위기에
대한 대응이기도 했다. 2005년 8월 29일, 허리케
인 카트리나가 미국 남동부를 강타해 주로 서민들
이 거주하던 20만 채 이상의 주택 지붕을 날려버
렸을 때, 건축가 마리안느 쿠사토Marianne Cusato가
총면적 28제곱미터의 조립식 주택을 설계해 '카
트리나 코티지'라고 이름 붙였다. 이 작은 집들은
자연재해 피해자들에게 임시방편의 처방밖에 제
공하지 못하던 미연방재난관리청(FEMA)의 제안
보다 훨씬 매력적이었다.

기상재해의 뒤를 이어 2007년부터 2010년까지 금
융 위기가 닥쳤다. 변동금리로 주택담보대출을 받
았던 가정에서는 금리가 올라가자 더 이상 대출금
을 상환할 수 없어 자신들의 거처에서 쫓겨나는
신세가 되었다. 금융 위기는 오랫동안 규모가 큰
삶을 추구해온 미국인의 보편적인 생활양식에 성
찰을 불러왔고, 타이니하우스는 대출금으로 인한
부담을 덜어주는 실질적인 대안이 되었다.

그러나 〈타이니하우스 네이션Tiny House Nation〉과
〈타이니하우스 헌터Tiny House Hunters〉 같은 TV 프
로그램이나 '타이니하우스의 위대한 여행'[9] 같은
블로그의 선풍적 인기에도 불구하고 이 운동은 여
전히 미국 사회에서 주변부에 머물러 있다. 레저
용자동차산업협회 회원에 의해 제작되지 않았다
는 이유로 영구 거주지로도 캠핑카로도 인정되지
않는 타이니하우스에 대한 법제화 작업도 필요한
상황이다.

5 Lloyd Kahn et Bob Easton, *Shelter*, 1973.
6 Lloyd Kahn, *Home Work : Handbuilt Shelter*, Bolinas (Californie),
 Shelter, 2004.
7 Sarah Susanka, *The Not So Big House : A Blueprint for the Way We
 Really Live*, The Taunton Press, 1998.
8 www.susanka.com

9 https://tinyhousegiantjourney.com.

가족 과수원에 설치한
크리스틴의 타이니하우스.

그런 상태에서 타이니하우스는 전 세계 대도시로 확산되었고 특히 스페인과 영국과 일본의 건축가들이 경제적이고 토지를 덜 '잡아먹는' 해법을 앞다투어 내놓고 있다. 최근의 흥미로운 예는 홍콩에서 나왔다. 제임스 로James Law는 둥근 하수관 안에 꾸민 9제곱미터의 초소형 거처를 제안했다. 이것은 일본 대도시에 퍼져 있는 최소한의 자투리 공간으로도 무리 없이 미끄러져 들어가 조립할 수 있다.

프랑스의 타이니하우스

프랑스에서 작은 집 운동은 2000년대 말 시작되었고, 2001년 매거진 《라메종 에콜로지크》를 창간한 이방 생주르에 의해 유명해졌다. 2008년 여름호에서 그는 작고 저렴한 자연주의 거처의 필요성을 언급하며 타이니하우스를 소개하는 데 하나의 장을 할애했다. 자가건축 전문가이자 파리 라빌레트에서 열리는 '생태주의 건축Bâtir écologique 박람회'의 공동 주최자이기도 한 그는 2014년 캉 지역에 프랑스 최초의 타이니하우스를 세운다. 이를 위해 그는 미국에서 많은 자료를 수집했고 대서양 건너편의 기준을 프랑스에 가져와 수정, 적용했다.

요즘은 타이니하우스가 언론과 출판 그리고 수많은 웹사이트를 통해 알려지면서 자가건축가들이 늘어나고 있다. 새로운 전문 기업이 문을 열고 주문서도 속속 채워지고 있다.

몽생미셸 해안의 타이니하우스

타이니하우스에
담긴 철학

주거용 건축으로서 타이니하우스의 매력은 무엇인가? 무엇이 자기가 살아갈 공간의 면적을 최소한으로 줄이고, 사회적 인식과 편안함과 행복을 가져다준다고 믿어온 소비를 최소한으로 제한하도록 당사자들을 결심하게 하는가?

그것은 어쩌면 우리에게 부여된 정형화된 모델에 문제를 제기하려는 욕구일지 모른다. 혹은 경제적 엄격함이나 생산성과 경쟁력에 대한 끊임없는 추구가 경제 위기로부터 벗어나게 하는 유일한 해법이 아닐 수 있다는 자각일지 모른다. 탈성장론[10] 경제학자인 세르쥬 라투슈Serge Latouche는 "부의 축적 위에 기초한 성장은 자연을 파괴하고 사회적 불평등을 낳는다."고 주장했다[11].

과소비는 행복을 보장하는 것이 아니라 추가적인 재정적 필요와 생활고를 가져온다. 에세이스트이

---

10 성장하지 않고서는 존속할 수 없는 현대 자본주의 사회에 대한 비판적 담론으로, 성장 없는 지속 기능한 사회를 지향한다.
11 〈르몽드 디플로마티크〉(Le Monde diplomatique) 2003년 11월호 기사.

자 농부이자 벌새[12] 운동의 창립자인 피에르 라비 Pierre Rabhi는 물질적 필요를 제한하는 것이 자연 자원의 파괴를 늦추고 우리가 노동 시간에서 벗어나 웰빙과 휴식, 사회적 교환을 향해 나아가는 방법이며, 그것이 우리에게 행복한 절제와 자발적 단순함을 찾아줄 것이라고 확신한다.

카롤과 에릭은 2018년 봄부터 타이니하우스에서 살고 있다. 그들은 프랑스 남부의 몽토방 인근에 자리를 잡았다. "우리는 소비 지향의 세계가 우리 자신에게 적합하지 않으며, 우리가 거의 살고 있지 않는 집의 청구금을 지불하기 위해 일하고 있다는 것을 깨달았습니다. 우리는 좀 더 자연스러운 삶의 방식이 필요하다고 느꼈어요. … (그런 면에서) 타이니하우스는 자명한 선택지였죠.

오늘날 수많은 개인과 집단들이 시릴 디옹[13]과 멜라니 로랑 감독의 다큐멘터리 영화 〈내일 Demain〉(2015)에서 조명한 이 길에 발을 들여놓고 있다.

●
옆면의 일부를 널조각으로 덮고
곡선을 강조한 타이니하우스

---

12 프랑스 내 생태환경생활협동조합의 이름. 숲에서 불이 나자 다른 동물들은 모두 피신하는 데 급급했던 반면 세상에서 가장 작은 새인 벌새가 불을 끄기 위해 입에 물을 머금고 날랐다는 남미 전설에서 그 명칭을 가져왔다.
13 영화감독이자 벌새 운동의 공동창립자. 이 책의 추천사를 썼다.

타이니하우스에서 산다는 것은 자발적인 단순함에 도달하는 수단의 하나인가?

다음 몇 페이지에서 이러한 주거양식을 선택했을 때의 이점을 정리해본다.

소비재를 줄인다

프랑스 국립경제통계연구소(INSEE)가 2013년에 발표한 연구에 따르면, 프랑스 내 단독주택의 평균 면적은 110제곱미터, 아파트는 60제곱미터인 것으로 나타났다. 타이니하우스에서 살기로 결심한다면 관건은 그보다 훨씬 작은 13제곱미터 안에 생활에 필요한 모든 것을 집어넣어야 한다는 사실이다. 갖고 있는 모든 물건을 꺼내서 분류하고 꼭 필요한 것, 다용도로 쓸 수 있는 것만 골라서 담는, 고도의 의식적인 선택을 해야 한다. 장기 도보 여행자가 배낭을 꾸리듯이 모든 구매에 신중해져야 한다. 푸드 프로세서를 선택할지 수동 거품기를 선택할지 결정하고, 커피 메이커를 구입할지 프렌치 프레스를 구입할지 선택해야 한다.

크리스틴은 2017년 2월부터 타이니하우스에서 살고 있다. 간직해야 할 물건을 어떻게 선택하느냐는 질문에 그녀는 이렇게 대답한다. "필수품만 간직하는 것이 탈출구였죠."

라벤더 밭에 지은 오두막 타이니하우스

에너지를 절약한다

좁은 생활공간은 가스와 전기 소비를 저절로 제한하는 효과가 있다. 다른 전력 없이 태양열만으로도 타이니하우스 내부를 빠르게 난방할 수 있다.

"여름에는 물을 끓이고 요리하기 위해 한 달에 한 번 가스통을 교체하면 충분하고, 겨울에는 난방을 해야 하니 보름에 한 번은 교체하는 편이에요." 크리스틴의 말이다.

환경에 미치는 영향을 최소화한다

타이니하우스는 경치 속으로 몰래 숨어들어가 충격을 최소화한다. 기초를 파지도 않고, 나무를 베지도 않고, 엔진을 돌리지도 않고, 떠난 뒤에 흔적을 남기지도 않는다. 네 개의 작은 '발판', 즉 아웃트리거만 땅에 닿는다. 또한 타이니하우스는 대부분 재활용되었거나 재활용이 가능한 친환경 자재로 만들어진다. 폐기물을 줄이기 위해 고품질의 내구성 좋은 자재만 사용하는 것이 타이니하우스 짓기의 철학이다.

27세의 로랑은 산림관리사다. "사람들이 집을 지을 때 보통 200제곱미터의 땅을 파괴합니다. 타이니하우스라면 장소를 존중하고 풍경 속으로 조용히 스며들어서 눈에 띄지 않게 지나갈 수 있죠."

집을 가지고 이동할 수 있다

타이니하우스에서 사는 유목민은 언제든지 집을 끌고 사람과 장소를 발견하러 갈 수 있다. 임시직 노동자가 일자리나 작업장을 따라 이동하거나 계절에 따라 주거지를 옮길 수도 있다.

로랑은 프랑스 남서부 지방을 옮겨 다니며 산다. "내 타이니하우스는 호기심과 공감을 자극합니다. 사람들이 제게 말을 걸면 즉석에서 대화가 이루어지고, 때로는 자진해서 자신의 땅에 머물라고 제안하는 사람도 있습니다."

주거비 최소화로 노동 시간을 줄인다

타이니하우스의 가장 큰 이점은 뭐니 뭐니 해도 경제성이다. 고정비 절약, 지방세 제한, 부동산 대출 축소 등을 통해 주거비가 가계 예산에 미치는 영향을 최소화함으로써 언제나 노동을 해서 돈을 벌어야 한다는 임금 의존의 압박감을 덜어준다.

오늘날 타이니하우스를 구입하는 사람들은 주로 베이비부머 세대와 25~35세의 청년들이다. 2차대전 직후에 태어난 베이비부머 세대는 이미 은퇴 연령에 도달했다. 그들에게는 더 이상 부양할 자녀도, 상환해야 할 대출금도 없다. 홀로 또는 부부만 생활하는 그들은 경비를 줄일 필요가 있거나 단순히 새로운 삶에 대한 욕구를 느껴서 타이니하우스를 선택한다.

카트린느와 뤽은 자녀 넷을 두고 있다. 그 중 셋은 보금자리를 떠났고 막내는 의대에 다니고 있다. 농산물 가공업에 종사한 부부는 오랫동안 해온 일을 청산하고 장애인을 돌보는 자선단체에 가입했다. 이 새로운 삶은 50대 부부를 프랑스 서부의 브르타뉴에서 파리 북부의 콩피에뉴로 이끌었다. 그들은 오랫동안 살아온 집을 팔고 싶지도, 그렇다고 너무 비싼 곳에 재투자하고 싶지도 않았다. 타이니하우스는 그들에게 적절한 해결책으로 보였다. 2018년 가을이면 계획이 실현될 것이다.

이들의 타이니하우스에는 인근에서 공부하는 막내아들이 주말에 찾아오면 사용할 수 있는 세 번째 침대가 들어갈 것이다. 젊은이가 조용히 공부할 수 있는 추가 공간이 문제이기는 하다. 카트린느와 뤽은 나중에 이 일마저 은퇴하면 브르타뉴로 돌아가 타이니하우스를 임대 별장으로 활용할 계획이다.

오늘날 30대 청년들은 25년 동안 대출금의 무게를 감당하지 않고도 내 집의 소유주가 되는 꿈을 꾸고, 불안정한 경제 전망을 염려하면서 소비 지향적인 세상에 문제를 제기한다. 이들은 이미 첫 번째 아이를 가졌거나 당분간 아이를 낳을 계획이 없는 젊은 부부, 혹은 싱글들이다.

쟝 샤를르와 일로나 그리고 그들의 생후 45일 된 딸 누르는 2018년 3월부터 벨기에에 타이니하우스를 지어 살고 있다. 이들이 이곳으로 거처를 옮긴 것은 2016년부터 삶의 방식을 바꾸어야겠다는 열망을 느끼고 그 성찰의 한 단계로 결정한 사항이다. 생활의 변화는 일의 변화도 동반하게 마련이다. 이 젊은 부모는 기업과 회사의 법적, 경제적 동반자였던 위치에서 벗어나 그들처럼 삶을 변화시키고 싶은 사람들의 동반자로 옮겨갔다. 이들의 타이니하우스는 아이를 키우기 위해 가급적 커야 했고, 마찬가지로 충분한 저장 공간과 편안한 부엌도 필요했다. 부부는 미래의 보금자리가 건축 기준을 준수하도록 전문가에서 설계를 맡겼다. 지

로랑의 타이니하우스.
햇살이 새어들어 오는
클래딩 기법을 이용하면
빛과 그림자 놀이를
즐길 수 있다.

장 샤를르와 일로나의 목재 타이니하우스. 위층에 채광창을 3개나 달아 항상 환하고 주변의 자연환경을 향해 열려 있는 개방감을 만끽할 수 있다.

내부는 이런 모습이다.

금 이 집은 친구의 토지에 설치되어 집주인의 전력망에 연결되어 있으며 별도의 계량기를 달아 전기 요금을 낸다.

"타이니하우스에서 아기와 함께 생활하는 것은 믿을 수 없이 간단합니다." 쟝 샤를르는 말을 이어갔다. "모든 것이 손을 뻗으면 닿을 곳에 있으니 매우 편안합니다." "그러면서도 다른 생활공간이 잘 구획되어 있다는 느낌이 들어요." 일로나가 결론을 지었다. 두 사람은 차분하게 미래를 준비하고 있으며, 만약 아이를 더 갖게 된다면 두 번째 타이니하우스를 제작할 생각도 하고 있다.

●
로랑의 타이니하우스.
랑드 지방에 살 때 찍은 사진이다.

다양한
타이니
하우스

타이니하우스는 가슴 속의 꿈을 일깨우거나 그 꿈을 실현하는 수단이다. 주거의 자유를 확장한 이 작은 집들은 각기 다른 쓰임새를 바라는 소유주의 기획에 따라 제작된다. 친구를 찾아 길을 떠나거나 편안하게 여행하고 싶거나 일터 가까이에 정착하려는 사람들…. 혹은 안식처가 없는 사람들에게 새 삶을 꿈꿀 쉼터를 제공하거나 의료 소외 지역으로 찾아가 치료를 제공하기도 한다.

벵자멩과 마를리즈의
땅콩 타이니하우스

벵자멩과 마를리즈는 벽과 지붕의 외장 공사까지 마친 타이니하우스를 인도받은 뒤 손수 인테리어 작업을 마쳤다. 이 젊은 부부는 2018년 봄부터 프랑스 중서부 지방의 마옌느에서 생활하고 있다.

그들은 프랑스 타이니하우스사社에서 제작한 아팔라치와 그랑빌, 두 가지 모델을 ㄱ자 형태로 놓고 하나의 테라스를 공유하기로 결정했다. 첫 번째 집은 복층 구조로 침실과 욕실과 주방이 있다. 두 번째 집은 거실과 응접실과 사무실로만 꾸몄으며 전 공간에서 입식 활동이 가능하다. 비디오 아티스트인 벵자멩은 주로 이곳에서 일한다. 두 개의 타이니하우스는 서로 다른 세계를 제공하는데, 하나가 약간 시골풍이라면 다른 하나는 현대적이다.

일명 '땅콩 타이니하우스'라고 부를 수 있는 이 집들은 건축이 불가능한 사유지에 자리를 잡았다.

벵자멩과 마를리즈는 전기와 수도를 연결하기 위해 토지 소유주의 전기와 수도가 있는 곳까지 땅을 팠다. 두 개의 집 모두 1500와트짜리 전기 히터로 난방을 한다.

부부는 이 프로젝트를 위해 약 10만 유로를 지출했으며, 앞으로 10년간 대출금을 갚아나갈 예정이다.

크리스틴의
오두막 아틀리에

예술가인 크리스틴은 브르타뉴 지방에 있는 캥페르 근교의 2층짜리 주택에서 살았다. 그녀의 직업은 이 주택을 유지하는 데 필요한 수입을 보장하지 못해 1년에 8개월은 호텔에서 일하며 비용을 충당해야 했다. 아이들은 성장하면서 차례로 집을 떠났다. 집은 점점 비어갔고, 크리스틴은 자신이 작업실과 주방 그리고 침실 하나만을 사용하고 있다는 사실을 깨달았다.

어느 날 그녀의 딸이 타이니하우스에 대해 이야기하는데 마치 한 줄기 계시를 받은 것 같았다. 그것

은 정확히 그녀가 꿈꾸던 삶의 방식이었다. 타이니하우스의 개념에 흠뻑 매료된 크리스틴은 삶이 함께하는 작은 작업실을 상상했다. '목재와 철재로 된 파사드에 알루미늄 창틀과 커다란 유리창. 지층은 창작을 위해 구상된 삶의 구역이고 복층엔 침대가 두 개. 그 대신 응접실 공간은 과감하게 없앤다.'

크리스틴은 녹색의 보석상자인 가족 소유 과수원에 그녀가 구상한 새 집을 지었다. 오히려 '움직이지 않는 여행'을 즐긴다는 그녀는 당분간 이동할 계획이 없다. 하지만 원한다면 언제라도 이동할 수 있다는 것을 안다는 건 커다란 위안이 된다. 타이니하우스에 정착함으로써 그녀는 생활비를 버는 부담을 덜고 창작의 시간을 벌 수 있었다. "생

계를 위한 일은 도움은 되지만 절대적으로 필요한 건 아닙니다."

얼마간의 적응 시간을 거친 후 그녀는 2017년 겨울부터 창작 활동을 개시했다. 그녀는 그것이 결코 쉽지 않은 일이며, 작품의 크기를 조금 축소할 수밖에 없는 현실에 처했음을 인정한다. 하지만 예전보다 좋아진 면도 있다. "제 작품에 유려함이 동반된 색채가 등장했습니다."

그녀는 요즘 자신의 과수원에서 미래를 내다보고 있다. 아마도 얼마 후엔 그녀의 아들이 같은 장소에 그만의 타이니하우스를 설치하지 않을까, 그리고 다른 가족들도….

닥터 앙드레의
찾아가는 클리닉

응급실 의사였던 앙드레는 번아웃증후군[14]으로 극심한 정신적 피로감을 느껴 2017년 2월 갑자기 마르티니크[15]를 떠났다. 본국으로 돌아온 그녀는 머물 곳과 새로운 삶의 기획이 필요했다. 일단 자기 집을 소유하고 싶었지만 가진 돈이 한정적이었고, 타이니하우스의 크기 제약은 그에게 문제될 것이 없었다.

"저는 어린 시절에 카라반에서 살았고 이미 미국에서 인기를 끈 타이니하우스에 관심이 있었습니다. 그런 삶을 동경하고 꿈꾸다가 프랑스에서도 타이니하우스를 만들고 있다는 걸 알게 되었죠."

앙드레는 새로운 삶의 터전을 발견했고, 어쩌면 그것이 새로운 직업 프로젝트의 일부가 될 수도 있을 전망이다. 타이니하우스에서 살기로 결심하면서 그녀는 처음으로 자연의학으로의 방향 전환을 생각했다. 그녀의 바퀴 달린 집은 의료 사각지대를 찾아가는 이동형 클리닉[16]을 만든다는 최종 목표를 수행하기에 앞서 당장 수련센터로서의 역할을 해낼 것이다. 물론 전직 응급실 의사인 그녀는 무엇보다 먼저, 오늘날 이런 대안적 프로젝트에 어떤 여지도 남겨주지 않는 의료 체계와 싸워야 한다는 것을 안다.

그녀의 집은 목적에 딱 맞게 디자인되었다. 시골 구석구석까지 순회하기 쉽도록 차고가 너무 높지 않다. 환자 접견용으로 쓸 앞쪽 공간에는 접이식 처방 테이블과 벽장 안에 숨겨진 마사지 침상이 있다. 턱이 있는 주방은 기능적이다. 주방에서 방향성 진통제와 그 밖의 치료 약품을 만들 수 있을 뿐더러 저녁식사에 친구를 초대할 수도 있다.

앙드레는 2018년 봄, 그녀의 새 사륜구동차에 타이니하우스를 연결해 길을 떠났다. 집을 끌고 이동하는 데 익숙해지기까지는 시간이 더 걸릴 것이라는 사실을 그녀도 잘 알고 있다.

---

14 한 가지 일에 지나치게 집중하다 보면 어느 시점에 모두 불타버린 연료와 같이 무기력해지는 상황을 가리킨다.
15 카리브 해의 서인도제도에 위치한 프랑스 해외 영토.
16 https://www.facebook.com/macaseasoins.

샤를리의
여행하는 집

샤를리는 2016년 11월부터 타이니하우스로 여행 중이다. 은퇴한 농부인 그는 방랑자처럼 전국을 일주하고 싶은 꿈이 있지만 그렇다고 사서 고생하듯 살고 싶지는 않았다. 이를 테면 뚜벅이로 봇짐을 짊어지고 여행하는 데는 관심이 없다.

애초에 그의 아이디어는 말이 끄는 트레일러를 타고 전국을 일주하는 것이었다. 그래서 트레일러에 말을 연결하는 방법을 교육받았지만 사고가 한 번 난 후 그것을 포기하고 농사용 트랙터로 타이니하우스를 끌고 다니기로 결정했다.

샤를리가 마련한 타이니하우스는 외관과 내부 구조가 집시 카라반과 비슷하다. 자주 이사할 예정이라 집은 너무 높지 않아야 해서 복층을 만들지 않고 침대도 모두 바닥에 두었다. 트레일러의 A자 프레임 위에 놓이도록 설치한 테라스는 그에게 없어서는 안 될 부분이다.

"테라스는 또 하나의 거실입니다. 왜냐하면 여행 중에는 외부 자연환경도 집의 일부가 되기 때문입니다."

샤를리의 여행은 시속 20킬로미터의 완행열차 속도로 진행되며 하루 이동 거리가 60킬로미터를 넘지 않는다. 트랙터와 대형 트레일러를 운전하는 데 익숙하긴 하지만 운전은 그를 빠르게 지치게 한다.

샤를리는 몽생미셀을 떠나 마레 프와트벵으로 내려갔다가 르와르에 갔다. 포도원에서 일하기도 했다. 타이니하우스를 끌고 다니는 트랙터는 모든 사람의 호의와 호기심을 불러일으킨다. 도착한 마을에서 빠르게 대화가 이루어지고 대체로 쉽게 환영을 받았다.

샤를리는 조리와 샤워를 위해 100리터 물탱크를 보유하고 있다. 식수는 보통 공공 식수대나 야영장에서 5리터 식수통에 담아 조달한다. 농부 출신인 샤를리는 도착한 마을을 산책할 계획으로 전기 자전거도 마련했다. 때때로 비라도 내리는 날이면 가족이 그립지만 그렇다고 유목민 생활에 권태를 느끼지는 않으며, 여전히 한가로운 여유를 만끽하고 싶어한다.

지방 도시 망슈의
전국 순회 홍보관

지방자치단체에서 홍보관으로 사용하는 타이니하우스도 있다. 이는 프랑스 타이니하우스사가 영불 해협을 접한 망슈 지역에 제안해서 성사된 것이다. 건물 외형은 노르망디 지방의 구빌쉬르메르 마을 해변에 있는 오두막에서 영감을 얻었다. 외벽은 흰색으로 마감하고, 지붕은 모래를 상징하는 노란색과 바다를 연상시키는 파란색 알루미늄으로 덮었다. 모듈 방식의 실내는 거실과 주방으로 나뉘었다. 이 타이니하우스는 2018년 5월부터 프랑스 전역을 순회하며 망슈 지역의 음식과 경제, 관광 명소 등을 홍보하고 있다.

여행가 부부를 정착시킨
'빅사이즈' 타이니하우스

언어 치료사인 폴린느와 학교 교사인 퀼랑은 4년 간 전 세계를 여행했다. 캄보디아에서 1년, 파리-베이징 자전거 여행, 칠레의 산티아고에서 아르헨티나 최남단 우수아이아까지, 그 모든 여정에 두 바퀴 자전거가 함께했다. 그랬던 부부가 2018년 10월, 프랑스 남동부 로제르에 새로운 거처인 '킹사이즈' 타이니하우스를 짓고 정착하기로 결심했다.

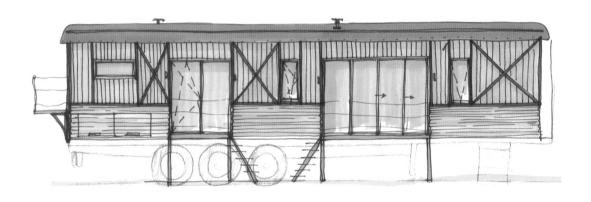

40

이들의 집은 전통적인 주택에 비해서는 작지만 보통의 타이니하우스보다는 크다. 세계 여행자로서 이들은 "각자 두 개의 자전거 투어 가방과 10킬로그램의 짐 가방이면 필요한 모든 것을 담을 수 있다"고 말한다. 그러나 동시에 그들은, 소유물 전체를 수용하고 그들 인생에서 일어날지 모를 새로운 변화를 받아들이기에도 충분한 집을 원했다.

"태어날 아이들을 수용할 수 있고, 그들이 청소년이 되었을 때 별도의 방을 줄 수 있어야 해요. 은퇴 후 다시 돌아갈 수 있고, 숙소로 임대할 수도 있는 공간을 상상했어요."

퀼랑의 말이다. 그렇게 해서 완성된 모델이 마치 서부개척시대의 화물 열차를 떠오르게 하는 길이 13.4미터, 폭 2.5미터의 빅사이즈 타이니하우스다. 그들은 이 계획이 처음 탄생한 장소인 캄보디아 앙코르와트 사원의 벽면에 새겨진 여신의 이름을 따서 압사라Apsara라는 이름을 붙여주었다.

그들의 취향대로 꾸민 '실용적이고 기능적인' 인테리어는 현대적인 편리를 무엇 하나 희생하지 않았고, 식기세척기와 세탁기도 구비했다. 이들은 타이니하우스를 공용 상수도에 연결할 계획이지만 따로 두 개의 물탱크를 마련해 겨울에 외부 배관이 얼었을 때의 단수에 대비했다.

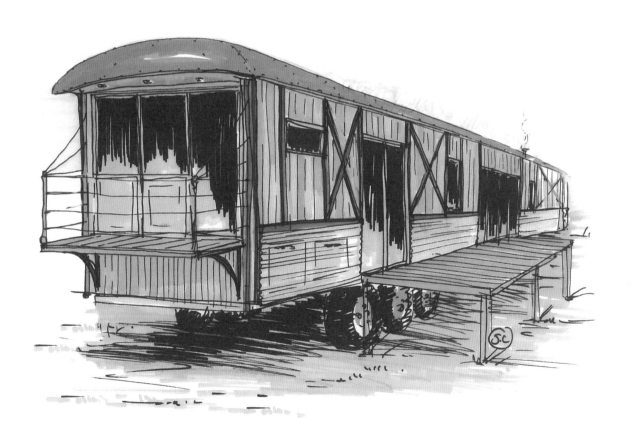

과체중 타이니하우스 '압사라'는 특수화물차 운전 면허(CE종 면허)가 있는 사람이 대형 견인 트랙터로 끌어야 한다. 따라서 자주 이동하지 않는 정주형 주택에 적합하다.

폴린느와 궐랑은 그들의 보금자리에 크게 만족하고 있다. 필요하면 복층을 추가할 수 있을 만큼 충분히 높고, 움직일 필요가 있을 땐 언제든지 이동할 수 있으며, 특히 자연에 매우 가까우면서도 탄소발자국을 줄이는 이 집의 '고정되지 않은' 매력에 흠뻑 빠져 있다.

알리스의
이동형 치즈 공방

알리스는 타이니하우스에 염소젖을 가공하는 작은 공방을 차리기로 결정했다. 길이 7미터, 폭 2.5미터, 높이 4.1미터인 이 이동 실험실은 치즈를 만들고 숙성시키고 판매하는 데 없어서는 안 될 요소를 모두 갖추었다. 치즈를 만드는 알리스는 염소를 키우려고 임대했던 목초지와 농장을 떠나야 했을 때도 이 움직이는 '농가 주택'만은 보존할 수 있었다. 그녀는 투자 자산 1위인 이 집을 끌고 브르타뉴의 다음 방목지로 떠났다.

집 없는 자들을 위한
타이니하우스 마을

거처 없이 부평초처럼 떠도는 사람들에게 따뜻하고 미적이고 경제적인 안식처를 제공하는 타이니하우스 타운을 만들어 그들이 녹색의 자연 속에서 스스로 자립할 수 있는 기회를 갖게 해주면 어떨까? 프랑스 앵 지역의 자원봉사단체, '에스프와르 제시앙Espoir Gessien'이 원한 것이 그것이다.

애초의 프로젝트는 최소 1일부터 최대 1년까지 임시 체류를 허용하는 무료 지상 주택을 건설하는 것이었다. 협회 회원들은 처음에는 농장을 개조할 생각이었지만 스위스에 인접한 이 지역에서는 너무 많은 비용이 들었다. 다시 컨테이너를 만들 계획을 세웠지만 언론 보도를 통해 타이니하우스를 발견한 후 동일한 서비스와 면적 대비 우수한 미적 측면이 후원자의 지지를 얻어내는 데 도움이 되리라 생각했다. 그 판단은 정확했다.

이 협회는 타이니하우스 세 채를 지어 2016년부터 위급한 상황에 처한 사람들에게 거처로 제공했다. 두 채는 주거 전용이고 나머지 한 채는 세탁실과 강의실로 만들었다. 이 연대의 집은 독신자뿐만 아니라 가족 수용자도 받아들인다. 가족인 경우 봄, 여름, 가을에는 네 명이 한 집에 들어가 살 수 있지만 겨울에는 세 명이 최대 인원이다. 협회는 2019년에는 세 번째 주거용 타이니하우스를, 그 다음 해에는 공동으로 식사할 수 있는 또 다른 타이니하우스를 마련해 기존의 집들과 함께 작은 공동체를 이룰 계획이다.

뛰어들기
전에

그 용도가 무엇이든 타이니하우스는 우리를 매혹시킬 모든 것을 갖췄다. 미학과 자유정신, 상대적으로 합리적인 비용까지 말이다. 하지만 충동구매는 사절이다. 타이니하우스를 구입할 때는 반드시 숙고의 과정을 거쳐야 한다. 왜냐하면 이곳에서 산다는 것은 생활방식의 근본적인 변화를 의미하기 때문이다. 뛰어들기 전에 따져봐야 할 몇 가지 실무적인 요소들을 살펴본다.*

*편집자 주 이 장의 세부 내용은 한국 사정과 다를 수 있습니다. 타이니하우스의 개념조차 생소한 우리나라에 해외의 새로운 주거 문화 트렌드를 소개하는 책인 만큼, 원서 내용을 있는 그대로 옮기되 편집자 주를 통해 국내 실정을 덧붙였습니다.

예산

외부 마감을 완전히 마치고 굴러갈 준비가 된 모델의 가격은 3만 유로[17] 정도다. 단열과 내부 벽판, 전기, 배관 등의 인테리어 작업은 아직 남은 상태다.

당장 그 안에 들어가 생활할 수 있는 모든 장치를 갖춘 타이니하우스는 평균적으로 5만 5000유로 정도 한다. 모든 것은 선택한 자재와 실현하려는 꿈의 수준에 달려 있다. 경우에 따라서는 토지 임대와 견인차 비용도 추가할 필요가 있다.

17 프랑스 타이니하우스사의 모델 판매 금액.

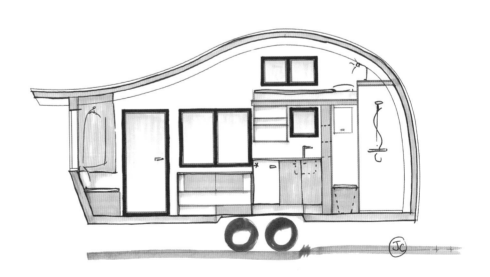

인테리어 디자이너 쥘리 크로허스트가 스케치한 타이니하우스 제작 도면.

어쨌든 일반 주택보다는 저렴하다(수도권인 일드 프랑스 지역의 평균·부동산 가격은 제곱미터당 3220 유로, 바스 노르망디 지방의 경우 1550유로다[18]).

2018년 봄, 벵자맹과 마를리즈는 타이니하우스에 정착했다. 벵자맹은 인터넷을 통해 미국에서 일어난 작은 집 현상을 흥미롭게 지켜보았다. 그는 마침 타이니하우스를 만드는 회사에서 일할 기회가 있었으며, 그 때 타이니하우스의 공간과 자재와 형태에 대해 가까이에서 살펴볼 수 있었다. 그의 동반자인 마를리즈는 그렇게 좁은 공간에서 생활하는 것에 약간 회의적이었지만 임대 타이니하우스에서 얼마간 체험을 해본 뒤 마음 가는 대로 따르기로 했다.

18 출처: 2018년 3월 온라인 부동산 평가 기관
    MeilleursAgents(www.meilleursagents.com).

크기

타이니하우스는 이곳저곳으로 옮겨 다닐 수 있기 때문에 도로 여건에 적응해야 한다. 다리 아래를 통과하기 위해서는 최대 높이가 4.1미터를 넘지 않아야 하고(스위스를 여행할 계획이라면 교량 높이가 4미터이니 주의해야 한다) 회전이 용이하도록 폭은 2.55미터를 초과하지 않아야 한다. 이 한도를 넘기면 특대형 화물 규정이 적용된다. BE종 면허(공차중량 750킬로그램 이하의 트레일러 또는 카라반을 견인할 수 있는 승용차 면허)만으로 운전이 가능하려면 트레일러와 주거용 실내공간을 포함한 총 중량이 3.5톤을 초과하지 않아야 한다. 초과하면? 못할 것도 없지만 일이 너무 복잡해진다. *

*편집자 주 우리나라에서 도로를 달릴 수 있는 캠핑용 트레일러나 카라반의 규격은 높이 4.3미터, 폭 2.5미터다. 프랑스의 BE종 면허와 비슷한 소형 트레일러 면허를 따면 공차중량 750킬로그램 이하의 트레일러나 카라반을 자신의 승용차에 연결해 견인할 수 있다. 이 때 프랑스와 마찬가지로 트레일러를 포함한 총 중량이 3.5톤을 넘지 않아야 하며, 이를 넘긴다면 특수화물 면허가 있는 개인이나 업체에 위탁해 이동해야 한다.

법규

타이니하우스는 바퀴가 달려 있으니 자리를 옮겨 다닐 수 있고, 따라서 카라반에 적용하는 법규가 적용된다. 공공도로 위에서는 도로교통법과 해당 지방자치단체의 조례를 준수해야 한다. 둥지를 틀기 위해 캠핑장을 선택하는 것도 한 방법이다. 이런 곳에서는 3개월 이상 머물 수도 있는데, 경우에 따라 사전 신고서를 제출해야 한다. 타이니하우스는 건축이 불가능한 사유지(자기 소유이든 협동조합 방식의 공동 소유 토지이든)에 자리를 잡을 수도 있다. 이 경우 최대 3개월 동안 정착할 수 있지만 지자체의 허가를 받으면(당신의 타이니하우스의 미적인 측면과 신중함, 기동성을 강조함으로써) 이곳저곳 떠돌아다니지 않고 더 오랫동안 머물 수도 있을 것이다.

캠핑장 분위기가 물씬 나면서도 사생활이 보호되는 가족 영토를 조성하면 정식으로 정착하는 것도 가능하다. 토지 소유주가 지자체에 3년마다 갱신할 수 있는 주차장 인가 신청이나 최종 개발 신청을 제출하면 된다. 이 때 해당 토지의 도시계획 규칙과 공적 이용권을 존중해야 하는데, 수도와 전기, 하수도와 화장실 같은 최소한의 관리 시설은 필수적으로 갖춰야 한다.

반면 타이니하우스에서 바퀴를 제거해 고정형으로 쓰려는 경우에는 면적 20제곱미터를 초과하지 말고 건축 가능한 대지에 투자하는 것이 좋다. 그런 다음 '정원 창고나 닭장' 규정*을 적용해서 시청에 사전 작업신고서만 제출하면 된다.

*편집자 주 우리나라에서는 농지에서 임시 휴식처로 사용하는 '농막'의 건축 관련 규정이 이와 비슷하다. 지자체마다 조금 다를 수 있지만 사유지에 20제곱미터(6평) 이하로 지을 경우 사전 신고서만 제출하면 된다. 요즘은 농막도 이동 가능한 조립형 주택을 구입해 사용하는 사례가 늘고 있다. 일종의 한국형 타이니하우스인 셈이다.

크리스틴은 2017년 봄부터 가족 소유 토지의 건축 가능한 대지에 타이니하우스를 지어 생활하고 있다. 그녀는 살고 있는 동네의 지방자치단체에 도시계획 인가 신청서를 제출한 상태이며, 1년 동안 거부 통보가 없으면 자신의 체류를 인가받았다고 생각할 수 있다.

몇 년 전부터 프랑스에서 유르트(중앙아시아 지역의 유목민들이 쓰는 이동 가능한 주거 형태)와 티피(아메리카 인디언이 사용한 거주용 텐트), 타이니하우스 같은 소위 '경량' 주택 또는 '대안' 주택들이 늘어나고 있다. 하지만 아직 명확한 법적 틀이 마련되지 않아 개인과 지역공동체 사이에 갈등이 일어날 가능성이 있다.

프랑스에서는 2015년 12월 31일부터 ALUR, 즉 '주거 접근과 도시 재개발에 관한 법률'을 시행하고 있다. 이 법은 기존의 토지이용계획(POS)을 대체해 각 기초지자체가 도시지역계획(PLU)을 수립하도록 유도하는 내용을 담고 있다. 그에 따르면 지자체들은 도시 계획을 세울 때 모든 방식의 주거양식을 고려하고, 주거용 주택의 설치를 용이

크리스틴의 타이니하우스에
눈이 쌓인 모습.

전체를 목재로 제작한 복층 구조의 타이니하우스.
길이 6미터, 연면적 21.6제곱미터다.

하게 하며, 품위 있고 환경을 존중하는 규칙을 마련해야 한다. 이 법안 덕택에 앞으로 타이니하우스는 도시 지역뿐 아니라 그 외 건축이 불가능한 구역들에서도 자리를 찾을 가능성이 높아졌다.

법률적 측면에서의 타이니하우스

ALUR 법에 따르면 "(프랑스) 정부는 토지이용계획에 이동이 가능하거나 조립·해체가 가능한 주택을 설치할 수 있는 토지를 정의하는 것을 허가한다." 이 토지는 도시계획법 L444-1에 따른 사전신고 또는 개발허가(건축 허가가 없는) 규정에 부합해야 한다.

반면 거주자 쪽에서는 거주하는 장소가 그 시행령에 상세하게 규정되어 있는 '요구사양서', 특히 수도, 전기, 하수도 연결 상태뿐만 아니라 청결과 위생, 주거 안전에 관한 기준에 부합하도록 노력을 기울여야 한다.

토지

성을 인식했던 옛 사람들의 실용적 감각을 존중할 필요가 있다) 멋진 전망을 향해 열려 있으며 세상으로부터 고립되었지만 여전히 세상과 통할 수는 있는 그런 장소를 선택하는 것이 좋다.

역사적 기념물에서 500미터 이내에 위치한 지정·등록·보호 중인 모든 구역, 자연보호구역, 숲, 지정된 삼림 및 공원, 해안가나 식수로 사용되는 샘터에서 200미터 내에 위치한 곳은 무조건 피해야 한다. 이런 곳은 모두 카라반 캠핑이 금지되어 있다.

그 다음으로, 그 땅이 당신의 것이든 누군가에게 사용 허락을 받은 곳이든, 방향이 잘 잡혀 있고(계절풍을 피할 줄 알고 식생을 '읽음으로써' 토양의 습

타이니하우스를 끌고 갈 SUV 또는 육중한 사륜구동차가 들어가서 움직여야 한다는 점을 염두에 두고 주변에 있는 나무들의 높이와 지면 상태 등에도 주의를 기울인다. 외부와 정기적으로 교류, 왕래하려면 도로에서 너무 멀리 떨어져 있지 않고 자동차가 다닐 수 있는 진입로가 있는 장소가 좋다. 아무리 풍광이 좋은 장소라도 겨울에 양팔 가득 짐을 들고 장화를 신고서 풀밭과 진흙 밭을 통과해야 한다면 그런 생활에 금세 진력이 날 수 있기 때문이다.

안정화 작업을 마친 평탄한 지반 위에 자리를 잡은 타이니하우스.

에너지

고려하고 있는 생활방식(정주민이냐 유목민이냐)과 토지의 위치에 따라 타이니하우스를 공공 전기 및 수도, 공동 오수 및 하수 배수관에 연결할지 아니면 완전 독립식으로 처리할지 선택해야 한다. 후자를 선택한 경우, 특히나 꼼짝없는 절제와 개인적인 관리가 요구될 것이다(더 자세한 사항은 책의 뒷부분, '에너지 공급'에 관한 페이지 참조).

이사

당신의 작은 집을 가지고 이사를 가려면 3.5톤을 끌고 가기에 충분한 힘을 가진 견인차가 필요하다(2CV[19] 같은 작은 경차로는 어림도 없다). 자동차등록증에서 그 차의 견인 능력을 확인할 수 있다.

타이니하우스를 세워두고 도보 여행을 다니기로 작정하지 않았다면 2CV는 차고에 넣어두고 작은 픽업트럭을 렌트하거나 전문가나 친구에게 도움을 청하자. 이사 갈 준비가 되었다면 트럭이나 캠핑카 전용도로 지도를 구하고 인터넷 등을 통해 예정된 코스에 있을지도 모를 함정들(예를 들어 너무 낮은 교량)을 미리 알아보는 것이 좋다.

쥬느비에브는 2016년 10월부터 낭트 남부에서 타이니하우스 생활을 하고 있다. 렌느 인근에서 처음 이사를 하기로 마음먹었을 때, 그녀는 화물차를 빌려 아들에게 운전을 부탁했다. "혼자서는 결코 할 수 없었을 거예요." 이사는 반나절에 끝났다.

---

19 프랑스 시트로엥사에서 1948년부터 1990년까지 생산한 경차.

자유를 찾아 이동 중인
타이니하우스.

보험

보험 회사들은 작은 집 현상이 시작된 초기만 해
도 냉랭했지만 빠르게 적응했다. 적재중량(PTAC)
이 500킬로그램을 초과하는 타이니하우스는 자동
차 등록과 함께 보험 가입이 의무화되었다. 견인
차에 연결해 운행하려면 별도의 자동차등록증이
있어야 하고, 등록 카드를 발급받은 후 차(집) 뒤
편에 규격에 맞는 차폭등을 달아야 한다.

자동차 보험을 들어야 하나, 주택 보험을 들어야
하나? 둘 다라고? OK! 타이니하우스는 이동 중에
는 자동차 보험이 적용되고 정차해 있을 때는 주
택 보험이 적용된다. 보험에 가입된 차로 운반하
는 물품의 파손까지 보상해주는 사설 운송보험을
계약할 수도 있다. 이런 보험은 특별한 성격의 물
품이나 값비싼 물건을 운송할 때 필요한데, 타이
니하우스도 당연히 포함된다. 타이니하우스를 매
달고 이동할 일이 거의 없다면 보험에 가입된 운
송 전문가를 불러 그를 통해 이사하는 편이 더 안
전하고 경제적일 수 있다.

주소 등록

행정적, 법률적 주소 등록은 권리와 혜택을 주장
하고 우편물을 받는 데 필수적이다. 타이니하우스
가 당신이 소유하고 있는 토지에 있다면 이미 주
소가 있다. 그러나 정기적으로 옮겨 다닐 생각이
라면 지역 사회복지행정센터(CCAS 또는 CIAS)에
주소 등록을 신청할 수 있다*. 친구나 가족 중 한
사람의 주소지를 지정할 수도 있지만 그렇게 되면
주민세를 계산할 때 당신의 소득이 그 사람에게
더해질 수 있다는 점을 알아야 한다.

*편집자주 우리나라는 아직 '이동하는 집'에 관한 주택법 상의
          규정이 없다. 만약 타이니하우스를 가지고 오랫동안
          정착할 곳을 찾았다면 해당 기초지자체를 찾아가 주
          소지를 지정받을 수 있는 방법을 문의하는 것이 좋다.

총중량 3.5톤 이하의 타이니하우스는
일반 SUV와 사륜구동차로 견인이 가능하다.

타이니
하우스
짓기 + 살기

외부 설계

타이니하우스는 지나가는 사람들을 그저 무관심하게 내버려두지 않는다고, 소유자들은 당신에게 말할 것이다. 도로 가장자리에 서 있든 카라반 사이트에 자리 잡고 있든, 이 작은 삶의 모델하우스는 사람들의 호기심을 자극한다.

타이니하우스는 전통적인 주거지와 같은 요소들을 가지고 있지만 축소판이다. 지붕, 벽, 채광창, 창문 그리고 테라스가 다 그렇다. 이 작은 집은 사람들에게 편안함과 안정감을 느끼게 해준다. 존재 자체로 모두의 공감을 불러일으키고 어린 시절의 오두막과 동화 속의 집을 연상시키며, 때로는 실현되지 못한 자유의 꿈을 일깨운다.

외형

무게와 높이에 대한 제한이 제약으로 느껴질 수도 있겠지만, 오히려 그것이 각각의 집들을 독창적이고 개성 있는 형태로 만들려는 디자이너들의 창작 욕구를 더욱 자극하는 것 같다. 그러나 디자이너들은 기억해야 한다. 한 곳에 약간의 무게를 더하기 위해서는 다른 곳에서 반드시 약간의 무게를 덜어내야 한다는 것을.

타이니하우스 제작자들은 곡면과 직각과 오목면을 능숙하게 가지고 놀고, 나무와 컬러 알루미늄과 오래된 금속 같은 것으로 재료 사용의 폭을 넓힐 수 있다. 지붕의 경우에도 다양한 변주가 가능하다. 1면, 2면, 4면… 아치형, 물결 모양, 이중 경사, 채광창은 1개, 2개…

*편집자 주 우리나라에서 캠핑 트레일러나 카라반은 견인차에 연결해 적절한 자동차 안전검사를 받아야 한다. 이 때 안전검사를 위해 실내외에 꼭 부착하거나 규격을 준수해야 할 외·내장재가 있을 수 있다. 타이니하우스도 견인차에 연결해 이동하는 동안은 도로교통법의 영향을 받으므로 제작 전에 관련 법규를 꼼꼼히 살펴보고, 사례가 명확치 않은 경우에는 행정기관에 직접 문의해보는 것이 좋다.

곡선형 지붕 크로키

박공 지붕 크로키

수치에 숨은 법칙

트레일러 자체 무게가 650킬로그램이고 집의 각 면 (바닥, 벽, 지붕)을 합친 면적의 제곱미터 당 무게가 22~28킬로그램이라고 할 때, 그 집이 땅딸이든 껑다리든 총 중량 3.5톤의 규정을 준수하기 위해서는 각 면의 전개된 면적이 85제곱미터를 넘을 수 없다.

2016년 11월부터 타이니하우스를 끌고 다니며 여행을 하고 있는 샤를리는 주변 사람들이 자신의 통행을 환대하고 주저 없이 말을 건네는 것을 보고 놀랐다고 한다. "그들은 내 여행 코스에 관해 두세 가지 질문을 던진 다음 아주 빠르게 자신들의 이야기를 합니다. 자가건축 분야에서 자신이 쌓은 경험에 대해, 아니면 하고 싶었지만 실현되지 못한 꿈들에 관해 스스럼없이 이야기합니다."

체크

유목민 기질인 사람이 타이니하우스를 선택할 때는 바람의 영향을 고려해야 한다.

자재

타이니하우스가 풍기는 환경 친화적이고 예스러운 이미지, 독특한 질감들을 살리고 싶다면 반드시 친환경 자재와 재활용이 가능한 자재들만 사용하도록 한다.

예를 들어 가능한 한 그 지역에서 생산된 목재를 사용한다거나 책임 있는 방식으로 관리되거나 채취한 자원에서 나온 제품임을 보증하는 국제산림관리협회의 FSC 라벨을 단 목재를 사용하는 방법이 있다. 한편 PEFC 라벨도 있는데, 이는 나무를 심고 가꾸는 숲 소유주와 그 나무를 베고 운반하는 벌목자가 지속 가능한 산림 관리 관행을 준수하고 있음을 보증한다.

목재의 저항성

목재는 천연이든 고온·고압 처리가 된 것이든 모두 습도에 대한 저항 정도를 나타내는 내습성이 5단계로 구분되어 있다. 목재의 저항성은 나무의 고갱이, 즉 심재와 관련 있다. 클래스1인 목재는 실내용으로만 사용해야 하고, 클래스5 목재는 내식성이 가장 우수해 바닷물에서도 잘 견딘다.

외벽의 수평 단면

① 20mm 적삼목 클래딩
② 20mm 미송 판재
③ UV 차단 투습방수지(ProClima)
④ 38×100mm 전나무 각재
⑤ 전나무 버팀목
⑥ 100mm 바이오섬유 단열재
⑦ 투습방수지(ProClima)
⑧ 10mm 전나무 판재
⑨ 13mm 마감 장식 판재
⑩ '차폐' 전선

구조목

타이니하우스 제작자들이 가장 선호하는 목재는 미송(더글러스퍼)과 적삼목(레드시더) 두 가지다. 미송의 심재는 진균류와 곤충에 대한 저항성이 좋다. 적삼목은 산림 관리와 목재 산업의 품질로 유명한 캐나다 산이 많아서 신뢰 받고 있다.

클래딩(외장재)

타이니하우스의 외부 벽을 만드는 클래딩에는 예를 들어 적삼목을 사용할 수 있다. 자연목 자체로 클래스3에 분류되는 적삼목은 특별한 처리를 거치지 않고도 외부 기후에 잘 견딘다. 붉은 빛깔로 인해 사람들이 잘 알아보는 소재다. 그밖에 26~48시간 동안 고온 · 고압 증기로 가열해 부패 방지 처리를 한 포플러 목재도 외장재로 인기가 높다.

색이 바래지 않은 적삼목 클래딩

로랑: "사연을 가진 집, 역사와 이야기를 품은 나무 집에서 살고 있습니다."

●
색이 바랜
열처리 포플러 목재 클래딩

색이 바랜
적삼목 클래딩

●
싱글 지붕(지붕널)과 열처리 포플러 목재 클래딩으로
외벽을 개성 있게 마감한 타이니하우스. 지붕에는 골함석을 둘렀다.

외부에 목재를 붙이는 방향을 적절히 활용하면 타이니하우스에 수직의 생동감을 주거나, 옆으로 길게 확장된 느낌을 줄 수 있다. 예를 들어 다음과 같은 방법들이 있다.

• 판재 사이사이에 1센티미터 내지 몇 센티미터의 간격을 둠으로써 수평 또는 수직으로 빛의 길을 낸다. 이렇게 하면 내부에 빛과 그늘의 아름다운 놀이 공간이 생기고 벽체의 통풍도 원활해진다.
• 각 판재의 일부가 겹치는 방식으로 수평 배치한다.
• 각 판재 사이에 틈을 주지 않고 조인트 커버를 이용해 수직으로 배치한다.

이밖에 정면의 일부 또는 전체를 적삼목 지붕널로 덮어 곡선적인 율동감을 살리는 방법도 있고, 채색이나 일반 알루미늄 타일 판을 이용해 포인트를 줄 수도 있다.

체크

골함석을 이용할 때는 설치 방향이 중요하다. 수직으로 놓으면 물 흐름이 원활해 물이 고일 위험이 없지만 수평으로 놓으면 빗물이 원활하게 흐르지 못해서 칸막이 밀봉에 어려움을 겪을 수 있다.

· 자연색을 그대로 살린
적삼목 클래딩.

· 삼과 아마 섬유를 이용해
바닥 단열재를 채우는 모습.

바닥의 수직 단면

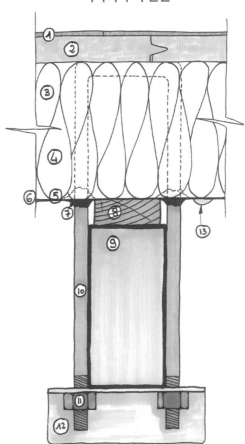

① 마지막에 덧댄 3mm 코르크 타일

② 포름알데히드를 사용하지 않은 18mm OSB 합판

③ 40×100mm 미송 구조목

④ 100mm 바이오섬유 단열재

⑤ 방수 시트(Dörken)

⑥ 천공 금속판

⑦ 실란트

⑧ 20mm 미송 고임목

⑨ 60×120mm 구조재(Longeron)

⑩ Ø12 U볼트

⑪ Ø12 풀림방지 너트

⑫ 40×40×120 복원 판

⑬ 천공판 고정용 나사

지붕

지붕을 덮는 방식에도 여러 가지 옵션이 있다. 가장 가볍고(제곱미터당 1킬로그램) 경제적인 자재는 폴리카보네이트, 일명 '렉산 골판'이라고 부르는 것이다. 이 제품은 투명하다는 장점도 있다.

지붕에 색상을 입히고 싶다면 열처리 도장으로 노란색, 주황색, 빨간색, 보라색, 파란색, 회색, 밤색 등 다양한 색을 내는 재활용 소재인 알루미늄 골판을 선택하는 방법이 있다.

성글 지붕(목재 타일)으로 시공하는 경우, 빗물의 흐름을 원활히 하기 위해서는 적어도 45도의 지붕 경사가 필요하다. 지붕에 물이 너무 오랫동안 정체되어 있으면 구조물이 빠르게 퇴화된다.

슬레이트와 타일을 사용하면 당신의 작은 집에 전통적인 모양을 줄 수 있지만 이런 재료는 무거운 것이 단점이다.

다른 해결책은 EPDM(에틸렌프로필렌 고무) 시트를 덮는 것이다. EPDM은 산화, 날씨, 빛, 추위에 매우 강한 바이오 소재다. 검은색 멤브레인 형태로 되어 있어 합판에 붙여서 쓰는 이 시트는 굴곡진 지붕 디자인에 특히 적합하다.

지붕의 수직 단면

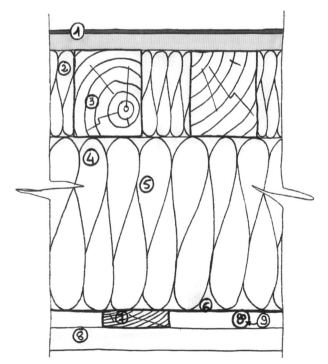

① 1.1mm EPDM 시트를 덧댄 10mm 판재
② 60mm 바이오섬유 단열재
③ 40×50mm 서까래
④ 100mm 바이오섬유 단열재
⑤ 38×100mm 전나무 구조목
⑥ 투습방수지(ProClima)
⑦ 10mm 판재
⑧ 13mm 마감 장식 판재
⑨ '차폐' 전선

트레일러

여기서 트레일러란 별도의 바퀴가 달린 짐칸이 아니라, 다른 견인차에 이끌려 사람이나 짐을 올려놓고 운반할 수 있는 평판 트레일러 장치를 말한다. 타이니하우스에 권장되는 트레일러는 원래 보트를 운송하고 진수하기 위한 용도로 만든 것이다. 이런 제품은 아연 용용도금이 되어 있고 베어링에도 방수 처리가 되어 있다. 지반에 올렸을 때 특히 안정적이고 기후 공격에도 덜 민감하다는 장점이 있다. 보통 '평판 트레일러'로 인증 받은 제품 중에서 찾으면 된다.

트레일러에는 자체 제동장치가 있어야 한다.

휠 아치(자동차 바퀴를 둘러싼 곡선부)가 없는 트레일러를 선택하면 문이나 실내 가구를 설치하기가 더 편하다. 트레일러가 주거공간을 지면으로부터 75센티미터 들어올리기 때문에 타이니하우스에서의 생활은 그만큼 지면과 분리된다.

체크

트레일러는 차축(두 개의 바퀴를 연결하는 축)을 올바르게 배치하는 것이 중요하다. 일단 타이니하우스의 무게중심이 결정되면, 그보다 20~30센티미터 앞에 차축이 놓이도록 설정해야 한다. 트레일러 앞쪽에 너무 많은 하중이 가해지면 견인차의 견인 고리, 일명 '토끼 머리'가 부러질 수 있다. 커플링 헤드에 걸리는 하중은 150킬로그램을 초과하지 않아야 한다. 반면에 뒤쪽에 너무 많은 하중이 쏠릴 경우에는 견인차가 시속 90킬로미터를 초과해서 달리면 갈지자로 휘청거리고 위험에 처하게 된다.

타이니하우스의 기초가 되는 평판 트레일러의 뼈대.

톱질 후 가공하지 않은
적삼목 패널을
박공 지붕까지
세로로 길게 배치했다.

●
폴리카보네이트,
일명 합성 유리로 제작한 겨울 정원.
안에서 식물을 키운다.

창호

문과 창문의 위치는 충분히 숙고해서 결정한다. 기상 조건에 관계없이 쾌적한 실내온도를 유지하면서 주위 자연환경을 최대한 활용할 수 있도록 균형을 찾는 것이 중요하다. 좁은 공간에 빠르게 축적되는 습기와 열을 배출할 공기 흐름을 잘 살피면서 개구부 위치를 정하도록 한다.

창호가 외부로 열리게 만들면 실내 공간을 절약할 수 있다.

출입구는 집의 넓은 측면 중 하나에 달거나 박공(뾰족 지붕이 만나며 만들어진 삼각형 구조)이 있는 쪽에 설치할 수도 있다. 주방을 통해 들어갈지 거실을 통해 들어갈지, 아니면 그 둘 사이에 문을 낼지는 당신의 선택에 달려 있다.

문과 창문의 소재는 보통 목재와 알루미늄 중에서 선택한다.

여닫이 방식에 따른 창문의 유형은 다음과 같다.

• 고정형 창문: 열리지 않는다.
• 프랑스식 열림 창문: 창문 세로변을 안쪽으로 당겨서 여닫는다.
• 틸팅 열림 창문: 창문 상단 가로변을 안쪽으로 당겨서 여닫는다.
• 틸트앤턴(T/T) 창문: 프랑스식으로 세로변을 안쪽으로 당겨서 여닫고, 또한 틸트 방식처럼 상단 가로변을 안쪽으로 당겨서 여닫는 이중개폐 방식이다.
• 이탈리아식 열림 창문: 창문 하단 가로변을 바깥쪽으로 밀어서 여닫는다.
• 영국식 열림 창문: 창문 세로변을 바깥쪽으로 밀어서 여닫는다.

크리스틴의 집은 거의 한쪽 면 전체를 차지하는 창문과 출입문을 통해 들어오는 빛 때문에 항상 환하다.

유지보수

자연적인 소재들로 지은 타이니하우스는 유지보수가 거의 필요하지 않다. 클래딩에 사용한 목재는 모든 목재가 그렇듯 시간이 지나며 자연스럽게 색이 바랜다. 항상 새것 같은 상태를 유지하고 싶다면 변색방지제를 바르면 되는데, 한 번 시공했다면 5년에서 7년마다 새로 칠해주어야 한다.

외장과 관련해 권장되는 유일한 유지보수 사항은 목재로 만든 창문과 출입문이 썩거나 뒤틀리지 않도록 신경 쓰는 것이다. 비나 눈이 한곳에 오래 고여 있지 않도록 해야 하는데, 가끔씩 목재 보호용 왁스를 발라주면 도움이 된다.

환경

타이니하우스에서 산다는 것은 주변의 자연환경을 내 앞마당처럼 누리며 생활할 수 있다는 것을 의미한다. 외부 환경을 만끽하고 주거 면적을 확장하기 위해서는 테라스와 복도, 차양을 설치해 다양하게 활용하면 좋다.

테라스는 타이니하우스를 구성하는 한 부분이라 할 수 있다. 차양으로 테라스를 보호하거나 폴리카보네이트로 양 측면을 완전히 막을 수 있다. 이동할 때는 바닥을 분리해서 차 안에 넣으면 된다. 차양도 떼어낼 수 있게 만든다.

●
테라스 위에 투명 골판으로
차양을 만들어 달았다.

입구에 외부 모듈을 연결해
수납공간으로 활용한다.

체크

테라스가 분리되지 않는 일체형 구조인 경우, 무게 균
형을 위해서 트레일러에 올렸을 때 테라스가 A자 프
레임 위에 놓이도록 설계해야 한다.

샤를리의 집에 연결된 테라스는 안락의자와 의자
두 개, 탁자가 배치된 '여분의 방'이다. 그는 여기에
전기자전거도 보관한다. 양쪽에 가림막을 치면 비
바람도 막아준다.

지붕 전체를 얇게 덮은
박공 장식과 넓은 테라스,
그리고 차양과 다용도실이
조화를 이룬다.

테라스, 복도, 차양을 모듈 방식으로 달아 정면을 다양하게 연출할 수 있다.

테라스에 벽장을 설치해 자재를 보관하는 저장고로 사용할 수도 있다.

탈부착이 되는 아주 단순한 천막 차양만 있어도 빨래건조대, 자전거, 정원 가구 등을 외부에 보관할 수 있다.

> 쟝 샤를르와 일로나는 잡동사니 물건들을 집 바깥에 보관할 수 있는 모듈식 사물함에 완전히 매료되었다. 이런 공간이 있으면 신발, 코트, 공구 같은 당장 쓰지 않는 물건들이 실내를 어지럽히지 않도록 할 수 있다.

실내 공간을 확보하기 위해 바깥에 간이 화장실을 설치하는 방법도 생각해볼 수 있다.

외부에 다용도함을 설치해 가스 연료통, 전기 수용장치, 태양 전지, 공기 압축기 등을 수납하면 좋다. 충분히 큰 함을 준비한다면 훨씬 더 많은 것을 저장할 수 있다.

체크 ────────────────

정기적으로 집을 가지고 이동하고 싶다면 설계 단계에서 그 점을 최우선으로 고려해야 한다. 이동할 때 분리해야 할 것들(테라스, 차양, 계단 등)이 많을수록 당신의 자유를 구속받을 수 있다.

두 개의 문 안에
일체형 다용도함이 있다.

타이니하우스를 감싸고 있다가 마치 나비 날개처럼
펼쳐지는 차양과 테라스.

실내 설계

타이니하우스 인테리어는 당신의 우주 전체를 평균 13제곱미터의 공간에 우겨넣기 위한 온갖 아이디어의 결정체다. 좁은 거처를 당신의 필요에 딱 알맞게 구성하고, 없어서는 안 될 것이 무엇인지를 결정하기 위해서는 시간이 필요하다. 가능하면 인테리어를 시작하기 전에 다른 집들과 소유주의 이야기를 많이 접하도록 하라. 그리고 마지막 선반을 설치하기 전에, 조금이라도 먼저 살아보라고 권하고 싶다.

거실, 주방, 응접실이
모여 있는 복합 공간.

86

단열

단열재로는 삼과 아마 섬유에 면과 아크릴 스트랩을 혼합한 친환경 소재를 많이 쓴다. 이 혼합물은 94퍼센트가 식물성으로 이루어져 가볍고 재활용이 되며 추위와 열을 막는 데 효과적이다. 기후가 온화한 곳에서는 단열재 두께를 10센티미터로 잡으면 충분하지만, 예를 들어 기온이 더 낮은 산악 지역에 정착하는 것을 고려하고 있다면 주저하지 말고 지붕 밑에 6센티미터를 더 추가하도록 한다. 단열재는 골조 지주 사이에 자리 잡아 바닥부터 지붕까지 집 전체를 포근하게 감싼다.

공간과 장식

프랑스 타이니하우스사社가 제작한 집들의 내부 치수는 칸막이 두께를 감안할 때 폭이 최대 2.1미터다. 침대 두 개를 넣을 경우 집의 길이를 최소 4.2미터는 잡아야 한다. 5미터 길이의 타이니하우스라면 추가로 간이침대 두 개를 넣을 수 있다. 길이 6미터 이상이라면 침대 네 개에 간이침대도 두 개는 더 놓을 수 있다. 단, 길이 7미터의 집에 네 개의 고정식 침대를 두고 싶다면 단층 모델로만 제작이 가능하다. 이 경우 복층으로 만들면 무게가 너무 많이 나가서 3.5톤 제한을 초과할 수 있다.

●
고정된 테이블이 있는
실내 공간.

●
두 개의 복층을 이어주는 통로.

●
조리를 위한 모든 기구가
완비된 주방.

스프러스 목재를 이용한
실내 인테리어.

구조

OSB는 간벌한 목재나 통나무에서 나온, 방향성 있는 얇고 긴(두께 0.3~0.5밀리미터, 길이는 최대 8센티미터) 박편으로 제작된다. 박편을 접착제와 함께 고온·고압으로 압착해서 서로 교차하는 세 개의 층을 쌓는다. 이런 특수한 구조 덕분에 판재의 기계적 성능이 우수하다.

바닥

바닥 자재를 선택할 수 있는 범위는 무궁무진하지만 언제나 고민은 무게 문제로 돌아온다.

원목 바닥을 원한다면 참나무나 가문비나무(스프러스) 마루판 같은 고급스러운 자재를 선택할 수 있을 것이다. 원목 마루를 깔면 추가적인 마감이 필요하지 않지만 무게가 많이 나간다는 단점이 있다. 바닥 보호를 위해 시공 후 하드오일을 칠해 주는 것이 좋다(한 번이면 충분하다).

저렴한 비용과 가벼움, 사용편의성 그리고 단열과 차음 성능 면에서 목재 박편을 일정한 방향으로 압축해서 만든 배향성 스트랜드 보드(OSB)도 한 가지 선택이 될 수 있다.

바닥에 페인트나 니스를 칠하거나 비닐이나 리놀륨 장판, 코르크 타일을 깔 수도 있다. 특히 코르크 타일은 쿠션감이 있어서 발밑이 포근하고 따뜻한 느낌을 줄 것이다.

'오래된 창고' 느낌을 주는 클래딩.

벽

벽은 바닥과 마찬가지로 취향에 따라 포플러 합판, 도장했거나 도장하지 않은 가문비나무, 대패로 마감 처리를 했거나 하지 않은 참나무 등 다양한 원목 패널로 시공할 수 있다.

벽에 자성 페인트를 칠하면 못질을 하지 않아도 다양한 물건을 벽에 붙일 수 있다.

체크 ─────

친환경 자재 사용을 중시하는 당신의 '소우주'에서 방습 필름을 부착할 때 접착제를 무분별하게 사용할 위험이 있다. 신중하게 필요한 만큼만 쓰도록 한다.

●
주방 공간을 구분해주는 스프러스 목재 천장.

장식 효과가 있는 전구.

에너지 공급

타이니하우스에 에너지를 공급하는 방법은 두 가지다. 공용 수도와 전기를 연결하는 방법, 아니면 독립적으로 해결하는 방법이다. 처음에 무엇을 선택하든 필요에 따라 언제라도 변경할 수 있다.

자기 소유 토지에 머물 계획이라면 땅을 파고 배관을 묻어 수도와 전기를 끌어다 쓰면 된다. 자기 소유가 아니라도 토지 주인이 사용하는 기존 수도와 전기 장치에 별도의 계량기를 설치해 사용량만큼 요금을 지불하는 방법이 있다.

가지치기를 전문으로 하는 산림관리사인 로랑은 2016년 3월부터 타이니하우스에서 생활하고 있다. 일터와 교육 계획에 따라 다른 지역으로 이동하며 사는 그에게 타이니하우스는 딱 알맞은 주거 모델이다. "저는 종종 현지 농민들에게 그들 소유의 땅에서 머물 수 있는지를 물어보고 물을 보충하기 위해 허락을 구합니다. 그 대신에 그들에게 필요한 가지치기 작업을 해주죠."

때로는 머물고자 하는 곳이 기존의 수도 배관이나 전기 인입 시설에서 너무 멀리 떨어져 있을 수 있다. 이럴 땐 에너지 자립 방안이 필요하다. 물론 그것도 선택일 수 있겠지만(예를 들어 당신이 정처 없이 떠도는 방랑자라면).

공간마다 다른 조명으로 개성 있는
분위기를 낼 수 있다.
사진은 펜던트 조명의 활용 예.

전기

전기 설비는 일반 주택과 동일한 요건을 충족해야
하며, 동일한 안전표준이 적용된다.

집이 작은 만큼 무엇보다 전기에 연결해 사용해야
할 장비들(가전제품, 컴퓨터 등)의 가짓수와 필요
성을 면밀히 따져본 후 콘센트 수를 결정한다.

일명 '바이오 전기'라고 부르는 생체 친화적인 전
기 장치를 설치하고자 한다면 집 안에서 전자기장
이 발생되지 않도록 전자기장 차폐 케이블을 사용
한다.

바이오 전기

이 용어는 전기 설비가 전자기장과 고주파 방출을 최대한
줄이도록 설계되거나 차폐된 상태를 의미한다. 아무리 작
은 기기도 전원에 연결되는 순간부터 다양한 유형의 파장
을 방출하고 그것이 인체의 건강에 미치는 영향이 장기적
으로 안 좋을 것이라는 의심이 널리 유포되어 있다. 몇몇 의
학 연구에 따르면 이런 다양한 파장에 장기간 노출될 경우
신경과민, 수면장애, 피부질환, 순환기질환 등이 일어날 수
있다. 하지만 아직 어떠한 제3의 독립된 연구나 정부 연구
도 그 결과를 입증하지는 못했다.

친환경 에너지 사용의 일환으로, 요즘은 태양광 패널을 설치하는 사례도 늘고 있다. 필요성을 곰곰이 따져본 후 사용 여부를 결정하도록 한다. 태양 복사를 전기로 변환하는 태양광 전지 패널은 보통 지붕에 고정해서 사용한다. 단단한 경질 패널과 쉽게 휘어지는 플렉서블 패널(구부러진 지붕 곡선에 맞춰 설치할 수 있다)이 있고 설치 후 이동도 가능하다. 햇빛을 가장 잘 받을 수 있는 방향으로 배치하는 것이 좋다.

샤를리는 자신의 견인차에 태양전지 패널 두 개를 붙여서 에너지원으로 사용하고 있다. 하지만 햇빛이 충분히 비추지 않을 때는 움직이는 자동차의 엔진 힘으로 배터리를 충전하는 추가 단자도 마련해둔 상태다. 그 외에 배터리 전기가 '바닥났을 때' 배터리와 임무 교대를 할 소형 발전기도 구비해놓았다.

태양전지 패널은 집에서 사용하는 전등과 콘센트, 소형 냉장고, 기계식 환기 장치 등에 모두 전원을 공급하지만 자연광이 부족한 시간대에 대비해 양초나 등산용 헤드랜턴을 준비하는 것이 좋다. 태양전지 패널을 좀 더 큰 것으로 설치할 수도 있겠지만 그것은 곧 배터리 용량이 더 크고 무겁고 더 많은 오염물질을 배출한다는 것을 의미한다.

쥬느비에브는 2016년 10월부터 태양전지 패널 두 개가 설치된 작은 집에서 생활하고 있다. 2017년 겨울은 맑은 날이 무척 적어서 이따금 전기 없는 밤을 보냈다. 그녀는 전기를 절약하기 위해 냉장고 전원을 끊기도 했다. "아쉬운 대로 견디면서 단순한 것들의 소중함을 느끼고 있습니다. 아침에 해가 뜨면 오늘은 전기가 충분해질 거라는 걸 압니다. 아침 해가 좋은 선물이라고 생각하는 거죠."

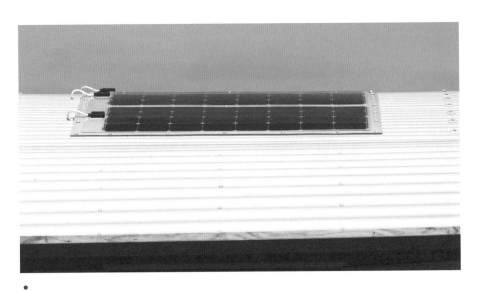

● 지붕에 플렉서블 태양광 패널을 붙였다.

삼투압 정수기.

물

타이니하우스 바깥에 취수 인입 밸브가 있으면 공동 수도관에 연결할 수 있다. 그러나 외부 수원과의 연결이 불가능한 상황도 생길 수 있으므로 적어도 100리터 용량의 물탱크를 설치하는 것이 좋다. 물탱크는 샤워기, 세면대, 싱크대에 물을 공급하지만 식수로는 적합하지 않다. 자연의 샘물이나 우물물을 식수로 쓸 수 있지만 반드시 허가와 위생 분석을 받은 물만 먹어야 한다.

수도 배관은 가급적 구리로 만든 동관 제품을 선택한다. 구리는 재활용이 가능하고 견고하며 특히 식수용으로 신뢰할 수 있는 소재다.

삼투압 정수기

삼투압 정수기란 역삼투압 원리를 이용해 깨끗한 물을 공급하는 장치를 말한다. 보통 필터 세 개와 멤브레인으로 이루어져 있다. 처음의 필터 두 개에서는 모래, 녹물 등의 고형 물질을 걸러내고, 세 번째 필터는 활성탄 성분이 있어 화학약품을 흡착한다. 역삼투압 멤브레인은 물 분자(H_2O)만 통과시키고 질산염, 미생물, 바이러스를 걸러내는 역할을 한다.

빗물을 모아 재활용하기 위해 홈통을 설치할 수도 있다. 그러나 타이니하우스는 지붕 면적이 너무 작아서 효율이 떨어질 것이다.

난방

난방이 들어와야 할 지점은 주로 거실이다. 난방 기구가 하나만 있어도 타이니하우스 전체를 따뜻하게 데우기에 충분하다.

먼저 라디에이터나 컨벡션히터 방식의 전기 난방 장치를 선택할 수 있다. 태양광 전지 패널에만 의존할 경우 햇빛이 없는 날엔 난방이 중단될 수 있다. 주로 머물 곳이 추운 지역이라면 1000~1500 와트의 열량을 예상해 계획을 세우도록 한다.

전기에 의존하지 않는 다른 해법을 찾는다면, 벽걸이형 가스 난방기가 대안일 수 있다. 가스 난방기는 외부에서 공기를 흡입해 열을 내고 연소된 배기가스는 다시 외부로 배출한다.

화목 난로의 낭만에 이끌리는 사람들은 거주 공간에 비해 난로가 너무 커서 공간을 빼앗긴다는 사실을 알아야 한다. 아무리 작은 화목 난로라고 해도 그 하나가 타이니하우스에 필요한 것보다 3~4배의 난방을 하므로 에너지 낭비의 측면도 있다. 게다가 아주 작은 화목 난로는 화덕도 그만큼 작아서 수시로 연료를 넣어주어야 하는 불편함이 따른다.

이런 권고에도 불구하고 타이니하우스에 화목 난로를 설치하고 싶다면, 벽에 연통이 나가는 구멍을 뚫을 예상을 하고 난방 기술자를 불러야 한다. 연통 설치 작업은 즉석에서 쉽게 이루어지지 않는다. 통풍도 잘 되지 않는 작은 집에서 작업하기 때문에 연기가 날 수도 있다.

가스 온수기 겸용 난방기.

벽걸이형 가스 난방기.

중수 배출

중수中水란 생활하수를 말한다. 가정에서 버려지는 물의 대부분을 차지하며 그 양이 하루 평균 150리터에 달한다. 중수는 보통 싱크대, 세면대와 욕조, 세탁기에서 나온다. 이런 물에는 일반적으로 병원균과 약물 잔류물이 없으므로, 예를 들어 수세식 화장실에서 배출되는 오수보다 유기물이 훨씬 적다. 그런데도 바로 정화해 수생 환경으로 되돌리지 못하고 오수와 마찬가지로 하수도로 직행한다. 이런 물을 가정에서 직접 여과해 자연으로 되돌려주고 자연 정화의 능력을 즐겨보는 것은 어떨까?

크리스틴은 집 앞마당에 구덩이를 파고 자갈과 짚, 모래를 채운 뒤 중수를 흘려보내 자연 여과를 시킨다.

토양 정화[20]

원리는 간단하다. 가정에서 사용한 물에서 가능한 한 기름기와 고형물을 걸러낸 후 토양에 버려 중수에 포함된 유기물 분해를 미생물에게 맡기는 것이다. 이를 위해 토양은 투수성이 지나치게 좋거나(모래처럼) 너무 없어도(점토처럼) 안 되며, 식수원에서 가깝지 않아야 한다. 버려진 중수는 식물을 심은 토양에서 1차 여과되어 일부는 식물에 흡수되고 나머지는 지하수로 합류한다.

벵자멩과 마를리즈는 가능하며 지구를 덜 오염시키는 생태주의자로 살고자 한다. 그들은 타이니하우스를 지을 때 전문가에게 의뢰해 중수 배출을 위한 토양 정화 시스템을 설치했다.

체크

생활할 때 생분해성 세제 제품만 사용하는 습관을 들이면 좋다.

여과 장치(Biolan사 제품)

지면에 올려두기만 하면 된다. 설치와 관리가 쉽고, 토목 공사나 조적 공사도 필요 없다.

---

20 출처: 《토양 정화를 위한 작은 설명서: 식물과 토양을 이용한 중수 정화와 가치 부여》(Petit Manuel de pédo-épuration: épuration et valorisation des eaux grises dans un sol planté), Association Terr'Eau, 2014 (https://www.terreau.org/IMG/pdf/petit_manuel_pedo-epuration_terr_eau_version_web_.pdf).

벵자멩과 마틀리즈가 설치한 자연 정화 시설.
토양의 힘으로 중수를 정화하고, 한 쪽에서는 퇴비도 만든다.

습기와의 싸움

습기는 타이니하우스의 지속 가능성과 크게 관련 있다. 타이니하우스는 생활공간이 좁기 때문에 거주자가 내뿜는 습기와, 주방과 온수에서 발생하는 증기를 흡수할 흡습 용적이 충분하지 않다. 이럴 때 우리에겐 간과하기 쉬운 무기가 하나 있는데, 바로 숨 쉬는 벽체와 기계식 환기 시스템 그리고 환풍기다.

숨 쉬는 벽체

목재로 만든 벽체는 그 자체로 안팎의 습기를 통하게 하는 특성이 있다. 건축물의 외피가 실내 습도를 자연적으로 조절하는 셈이다.

건축 분야에서 '숨 쉬는 벽체(paroi perspirante)'라 함은 건축물의 외피가 기밀성을 유지하면서도 그 구성 요소에 의해 습기가 좀 더 잘 이동하도록 허용한 경우를 의미한다.

●
타이니하우스 외장 공사 전에
투습 방수 시트를 붙인 상태.

기계식 환기 시스템

공기의 '이중 흐름'을 이용하는 기계식 환기 시스템은 단일 흐름 시스템과 작동 원리는 같지만 열 교환기(또는 폐열 회수기)에 연결되어 있다. 실내외로 들어오고 나가는 공기가 열 교환기 안에서 먼저 만나 열량을 교환하게 된다. 말하자면 이 시스템은 겨울에는 실내에서 외부로 배출되는 따뜻한 공기를 이용해 실내로 들어오는 차가운 공기를 예열하고, 여름에는 실내에서 외부로 배출되는 시원한 공기를 이용해 실내로 들어오는 뜨거운 공기를 먼저 식혀준다.

겨울에 열교환기와 연결된 이중 흐름 기계식 환기 시스템을 가동하면 잃어버리기 쉬운 실내 에너지의 일부를 회수하게 된다.

환풍기

환풍기는 가장 간단하고도 효과적인 공기 처리 장치다. 실내의 오염된 공기를 정해진 경로에 따라 직접 정확하게 외부로 내보낸다. 조명 스위치와 연동해 작동하게 하거나, 습도 감지기를 설치해 특정 습도에서 작동하도록 할 수 있다. 또한 환풍기에 타이머를 달아 작동 시간을 조정할 수도 있다.

체크 ─────────

물론 정기적으로 창문을 열어 환기하는 것만큼 좋은 것은 없다.

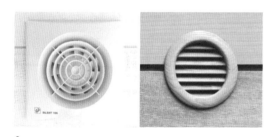

●
실내외에서 본 환기구.

숨 쉬는 벽은 어떻게 작동하나?

숨 쉬는 벽체는 집 안의 습도가 너무 높으면 스펀지처럼 습기를 빨아들이고, 반대로 실내 습도가 낮을 때는 품고 있던 습기를 방출함으로써 공기를 쾌적하게 조절한다. 벽을 시공할 때, 수증기 응축으로 결로가 발생해 목재를 손상시키지 않도록 설계 단계에서부터 신경 쓰는 것이 좋다.

거실

타이니하우스의 실내에 생활공간을 배치하는 방식은 거의 일정하다. 샤워실 길이는 1.4미터, 주방은 1.2미터, 그 나머지에 거실과 침실을 둔다. 때로는 침실을 복층에 둘 수도 있다. 그 정도 규격 안에서 어떻게 나만의 필요와 취향을 담아낼 것인가. 그것은 대부분 거실에서 드러난다.

로랑의 거실

거실은 응접실과 사무실과 식당을 하나로 통합한 복합 공간으로, 손님을 맞이하는 장소이기도 하다. 당신의 기호와 취향에 따라 무엇에 더 중점을 둘지 결정하면 된다.

- 테이블을 중심으로 친구들과 함께 둘러앉을 수 있다.
- 고정식 또는 그때그때 필요에 따른 임시 작업 공간을 만든다.
- 한 쪽 모퉁이에 편하게 기대고 누워서 책을 읽을 수 있는 안락한 공간, 예를 들어 ㄱ자 소파를 놓는다.

거실에는 유사시 침대로 사용할 수 있는 간이침대(접이식 침대, 소파 베드)를 둘 수 있다.

거실에 필요한 가구(접이식 테이블이나 소파 등)는 집을 지을 때부터 구상해 함께 제작하거나, 추후에 전문 가구 매장에서 적절한 집기를 구입해 배치한다.

일부 타이니하우스는 높이가 충분해서 복층으로 설계해도 거실에서 자유롭게 움직일 수 있다.

●
햇빛이 잘 드는 곳에 놓은 소파.

카롤과 에릭은 푹 파묻혀서 책도 읽고 TV도 볼 수
있는 커다란 소파를 무엇보다 원했다. 그래서 아
예 응접실의 세 면을 소파로 만들었다.

체크 ─────────────

공간을 모듈 방식으로 설계할 수도 있다. 하지만 과유
불급! 장기적으로 보면 실내 구조를 일상적으로 바꾸
는 것도 싫증이 날 것이다.

─────────────────

●
접이식 테이블을 설치한
사무 공간.

침실

복층

간이침대를 설치하는 것은 저마다의 선택 사항이고 앞서 다양한 방법도 소개했으므로 여기서는 고정식 침실에 대해서만 이야기하겠다.

타이니하우스 길이가 6미터를 초과한다면, 침실은 단층으로 설치하거나 포디움[21] 아래에 놓을 수밖에 없다. 그 정도 면적에 복층까지 올리면 집 무게가 늘어나 3.5톤이라는 마지노선을 넘게 된다.

복층은 한 곳 또는 두 곳으로 나누어 만들 수 있고, 그 위에 침대 한두 개를 올려놓을 수 있다. 천장까지의 높이가 1.1미터면 침대에 앉아 있기에는 충분하다.

복층을 만든다면 공기 순환을 위해 위에만 적어도 두 개의 창문을 두는 것이 바람직하다. 위층은 해가 떠 있는 동안에는 온도가 빠르게 올라가므로 지붕창은 피하도록 한다. 높이가 낮다고 해서 매트리스 밑에 받침대를 두는 것을 주저할 필요는 없다.

크리스틴은 타이니하우스 위층에 추가로 고정식 침대를 올렸다. 자녀들이 오는 날엔 그녀가 그곳에 올라가 잠을 잔다.

---

21 건축 용어. 기둥이나 조각, 벽을 지지하기 위해 사용하는 돌출된 토대나 주춧대를 의미한다.

'코쿤' 스타일의 복층 침실.

계단

위층으로 올라가는 방법은 여러 가지가 있다.

• 곧은 계단. 거대해 보일 수 있지만 아래 공간을 수납용으로 사용하면 매우 유용하다.
• 고풍스러운 나무 기둥을 중심에 두고 챌판 없이 디딤판만 있는 나선형 계단을 만들면 심미적이고 개방적인 느낌이 난다.

• 사다리는 여러 가지 유형이 가능하다.
• 어린이용 이층침대를 아래에 놓고 계단으로 활용하는 방법도 있다.
• 위층에 침대 대신 해먹처럼 이따금 잠자리로 활용할 수 있는 그물을 설치하는 건 어떨까? 빛이 통과해 개방감이 있고 창의적인 공간으로 사용할 수 있을 것이다.

계단 밑을
수납공간으로 만들었다.

나선형 계단.

사다리와
그물로 꾸민 복층.

두 곳으로 나누어 올린 복층.

위층을 안락한 휴식 공간으로 만들었다.

단층

다음과 같은 경우에는 집을 단층으로 만드는 게 좋다.

- 이동이 잦은 경우. 타이니하우스의 지상고가 너무 높으면 운전하기가 쉽지 않다.
- 매일 밤 위층에 있는 침대로 기어 올라가고 싶지 않고 화장실도 쉽게 갈 수 있기를 바란다면.
- 타이니하우스에서 노년까지 오래오래 살고 싶다면. 어느 날 위층 침대 올라가는 것이 곡예처럼 느껴질지 모른다.

앙드레는 주방을 지지하는 단을 설치하고 그 아래로 침대를 밀어 넣었다,

작은 집 인테리어에는 다양한 상상이 가능하다. 낮에는 천장 가까이까지 올려두었다가 필요할 때 내려서 쓰는 엘리베이터식 전동 침대를 사용하면 어떨까? 타이니하우스에 설치할 수 있을 만큼 가벼운 시스템이 아직 프랑스에는 없지만 미국에서 주문해 올 수는 있다[22].

장 샤를르와 일로나의 집엔 침대가 세 개다. 위층에 고정식으로 두 개를 놓고 아래층 응접실 소파 밑에 빗살무늬가 들어간 간이침대를 두었다. "이렇게 하니 응접실에서 아래를 내려 볼 때도 시각적으로 공간감을 줍니다."

---

22 http://www.ana-white.com.

주방 옆으로 침대를 밀어 넣고 그 위를 응접실로 쓴다.

빗살무늬 소파 베드가
시각적 즐거움을 준다.

주방

서로 얼굴을 마주하는 길이 1.4미터에 마련된 주방은 충분히 중요한 공간을 선사한다.

주방 가구를 설치할 때는 가스 차단기, 가스 압력 레귤레이터, 누전 차단기 등 일반주택의 안전 기준을 준수해야 한다.

들어 올릴 수 있는 식탁.

주방 가구를 결정하기 전에 자신에게 질문을 해보자. 이 공간은 나에게 어떤 의미인가? 단지 식사를 빨리 준비하기 위한 장소인가, 아니면 친구를 맞이할 연회의 공간인가? 요리는 나에게 중요한 활동인가? 그렇다면 어떤 가전제품, 수납장, 조리기구와 조리대가 필요한가?

참나무 원목 조리대와
칠판으로 꾸민 주방 공간.

식기세척기와 세탁기, 오븐이 꼭 필요한가? 그것
들을 사용할 전기 용량은 충분한가? 주방 가전을
연결하기 위한 콘센트는 몇 개나 필요한가?

개수대의 설거지 볼은 한 개로 할지 두 개로 할지,
거기에 식기건조대를 포함할지를 결정하고, 가스
레인지의 화구 개수(2구, 3구 또는 4구)도 선택해
야 한다. 공간 활용을 위해 슬라이딩 조리대를 사
용하는 것도 생각할 수 있다.

샤를리는 자신의 타이니하우스 안에 세탁기를 놓
지 않았다. 그 덕에 공간을 넓게 쓰고 빨래는 캠핑
장을 이용하거나 이동 중에 빨래방에서 해결한다.

시중에 캠핑카와 카라반을 위한 냉장고가 나와 있
다. 어떤 제품을 고르든지 냉장고는 전기레인지나
가스레인지 밑에 설치해서는 안 된다. 열원 근처
에서는 에너지 효율이 급격히 떨어지기 때문이다.

겨울에는 식품을 실외에 보관하는 것도 생각해보고 쇼핑 방식도 재검토하자.

후드를 설치할 것인가, 말 것인가? 그것은 집주인의 요리 습관, 냄새와 소리에 대한 민감함 정도에 달려 있다. 만약 후드를 설치하려면 선반도 함께 고려해야 한다. 또 그와 상관없이 주방은 습기 문제를 해결하기 위해 환풍기 설치가 필수적이다.

요리에 관심이 많은 카롤과 에릭은 기능적인 공간을 원했다. 주방과 욕실을 분리하는 미닫이문에 수납장을 설치한 것은 그 때문이다.

● 일자형 주방에 가문비나무 조리대를 설치했다.

● 로랑의 주방. 떼었다 붙였다 할 수 있는 다기능 식탁/바/책상을 사용한다.

● 조리대와 식기장까지 설치한 L자형 주방.

욕실

아카시아 나무 욕조.

욕실은 보통 트레일러의 A자 프레임 위에 놓이게 자리를 잡는 것이 좋다. 길이 1.2미터의 욕실에서 중점을 둬야 할 것은 샤워기와 세면대 그리고 수납공간이다. 욕실은 습기 관리가 특히 중요하므로 창문을 꼭 달고 전등 스위치와 연동되는 환풍기를 설치하도록 한다.

바닥에 가문비나무 등의 목재 패널을 깔았다면 마감할 때 하드오일을 칠해준다. 하드오일은 바닥뿐 아니라 벽과 지붕 전체에 발라주면 좋은데, 특히 욕실에서는 샤워 중에 튀는 물에 대한 보호 효과가 탁월하다. 이밖에 바닥에 목재 대신 합성비닐 마루를 까는 것도 고려할 수 있다.

아래에 수납장이 있는 세면대.

세면대냐 미니 세면대냐, 샤워기냐 욕조냐… 모든 구성품은 개인 취향에 따라 선택한다.

80×80센티미터 규격의 아크릴 샤워 트레이는 무게가 9킬로그램에 불과하다.

욕실 문으로는 아코디언식 슬라이딩 파티션을 선택하면 여닫을 때 공간을 덜 차지해서 편리하다.

욕실에는 사물함을 놓을 수 있는 충분한 공간이 있다(뒤쪽 '수납공간' 페이지 참조).

화장실

수세식 화장실

하수도 직결식 수세 장치에 연결해 사용할 경우에는 전통적인 모델을 선택하면 된다. 또는 단독 배관에 연결된 독립 위생 설비(정화조 또는 분쇄배수펌프 방식)를 예상할 수 있다.

물은 빗물 회수에만 의존하지 말자. 타이니하우스는 지붕 표면적이 충분하지 않아 화장실 사용에 충분한 만큼의 빗물을 모을 수 없다.

건식 화장실

공용 하수도에 연결하기가 불가능한 경우, 또는 종종 타이니하우스를 선택하는 사람들이 그런 것처럼 생태주의적 삶을 실천하려는 경우에는 대개 건식 화장실을 설치한다. 사실 화장실에서 물을 한 번 내릴 때마다 평균 6리터의 식수가 하수도로 사라진다는 것을 알아야 한다. 이는 하수 처리 시설에 과중한 부담을 안기는 한편 토양의 자연 정화 능력을 십분 활용하지 못하는 일이다.

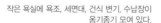
80×80센티미터 샤워 트레이를 설치한 욕실.

작은 욕실에 욕조, 세면대, 건식 변기, 수납장이 옹기종기 모여 있다.

건식 화장실에는 몇 가지 유형이 있다.

• 화학물질과 물 없이 배설물을 분해해 4주에서 6주마다 사람이 비우는 방식(미생물을 이용한 Biolet 방식).
• 소변과 대변을 분리해 처리하는 방식. 대변은 트레이에서 건조시키고, 소변은 중수 처리 시스템으로 보낸다.
• 가장 간단하고 경제적인 방식은 양동이와 톱밥을 구비하는 것이다. 단지 퇴비를 다루는 방법만 배우면 된다.

건식 화장실을 탈착식으로 설치하면 공간을 더 절약할 수 있다.

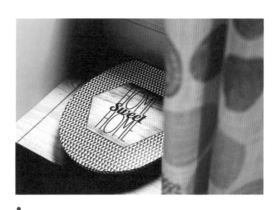

●
건식 변기.

퇴비

식물성 폐기물(톱밥이나 짚)과 유기물(대변과 소변)을 적당히 섞으면 탄소와 질소의 균형이 좋은 혼합물을 얻을 수 있다. 식물성 폐기물은 나쁜 냄새의 원인이 되는 혐기성 발효를 차단하며, 이것이 퇴비 만들기의 출발점이다. 주어진 땅에 퇴비 틀이나 구덩이를 만들어놓고 그곳에 대소변과 톱밥 등을 넣어 섞어둔다. 몇 주 후면 당신과 이웃 정원의 꽃과 채소에 유익하게 쓰일 퇴비가 완성될 것이다.

●
외부에 조성한 퇴비 밭.

수납공간

실내에서든 실외에서든 필수적으로 수납공간을 찾아야 한다. 그 안에 더 많은 것을 수납할수록 생활공간이 넓어진다. 잡동사니 물건들을 잘 수납할수록 이사도 손쉬워진다.

소파와 침대, 바닥 쪽은 수납함을 감춰서 보관할 수 있는 장소이고, 계단은 서재로 탈바꿈할 수 있다. 슬라이딩 도어에 주방 찬장을 달아서 쓰면 어떨까? 정기적으로 이사를 할 계획이라면 모든 것이 집 내부에 고정되어 있는 것이 좋다. 반면에 한곳에 오래 머무는 스타일의 거주자라면 차고, 오두막, 정원 헛간을 이용해 당장 사용하지 않는 자전거나 공구, 또는 습기에 민감하지 않은 여러 물건들을 보관하는 것이 좋다.

일로나와 쟝 샤를르는 요트 인테리어에서 영감을 얻어 타이니하우스 바닥에 수납함을 만들었다. 그들은 깊이 40센티미터의 이 수납함이 높이 2.6미터의 트인 실내를 선사했다며 무척 만족해한다. "이 수납함 덕분에 시각적으로 집안을 좁아 보이게 하는 붙박이장이나 선반을 여기저기 만들지 않고도 많은 물건을 정리할 수 있었어요."

복층으로 올라가는
계단 밑에 넓고 심플한 벽장을 설치했다.

여러 가지 수납 팁

- 계단을 활용한 서가.
- 계단 밑에 오븐과 냉장고를 배치한다.
- 욕실이나 붙박이장의 문 활용하기.
- 소파나 침대 아래 서랍식 수납함을 둔다.
- 슬라이딩 문을 단 가구. 비좁은 공간에서도 안
  쪽 물건을 쉽게 꺼낼 수 있다.
- 출입구 옆에 외투와 신발을 수납하는 붙박이장
  을 둔다.
- 주방 옆 선반을 지탱하는 문과 욕실 옆 옷걸이.
- 욕실 사물함 설치. 욕실은 사람이 서 있을 만한
  높이가 충분하지 않은 '방(침대가 있는 공간)'들
  보다 옷을 갈아입기에 좋다.
- 실내에서도 접근 가능한 외부 수납함.
- 타이니하우스 밑의 바닥 공간 활용. 트레일러는
  거주공간을 지면으로부터 75센티미터 위로 올
  려놓는다. 그 사이 공간에 스커트를 입히면 더
  위와 추위, 특히 습기에 덜 민감한 물건을 보관
  하기에 좋다.

쥬느비에브는 서류 파일들을 눈에 안 띄게 보관
하기 위해 천장 장선[23] 사이에 선반을 설치했다.

소파 아래를 활용한 서랍형 수납함.

로랑: "아직도 실내에 수납공간을 만들 자리는 있
어요. 그런데 거기에 무엇을 더 넣을까요?"

계단 아래 공간을 활용한 주방 가구.

---

23 천장에 가늘고 긴 나무를 가로세로로 짜서 만든 틀.

타이니하우스의 미래

2013년 프랑스에서 첫 번째 타이니하우스가 완성되었다. 그것은 미국 디자이너 제이 셰퍼의 모델에서 출발했지만 프랑스의 산업 표준과 프랑스 정신에 맞게 제작되었다. 당시 유럽에서 타이니하우스의 수는 손가락으로 꼽을 수 있을 정도였다. 하지만 얼마 지나지 않아 대중적인 성공을 거두었다. 마치 오랫동안 잠재되어 있던 욕망이 분출하듯 의미 있는 확산이었다.

오늘날 타이니하우스는 기하급수적으로 늘어났고, 미디어의 관심을 받고 있으며, 자가건축가들과 관련 기업들이 성장하고 있다. 먼저 이 길을 걸었던 사람들은 기꺼이 자신의 경험과 조언을 꺼내 공유한다. 타이니하우스의 인기는 새로운 주거 형태에 대한 열망을 반영한다. 프랑스 타이니하우스사의 공동 창업자는 이렇게 말했다. "우리가 받는 주문의 90퍼센트는 주거용입니다." 그것은 이 운동이 단지 틀에 박히지 않은 휴가를 즐기려는 유행의 효과에 그치지 않는다는 것을 증명한다.

불과 몇 년 전에 이 현상이 시작된 캐나다 퀘벡을 보자. 퀘벡은 2015년 여름, 최초의 타이니하우스 축제가 열린 곳이다. 최대 여섯 채의 집이 들어갈 수 있는 타이니하우스 전용 타운들이 개발되었다. 부지는 모듈 방식으로 추가할 수 있으며, 자라나는 어린이, 그리고 가족들과 가까이에서 지내기를 원하는 실버 세대 등의 다양한 요구에 부응할 수 있도록 충분히 넓다. 퀘벡에서는 대형 건설 회사들이 이 운동에 관심을 가지고 있으며, 그것은 미래가 밝다는 신호이다.

오늘날 여러 나라에서 타이니하우스의 발전에 걸림돌이 되고 있는 것은 법률적 모호성이다. 그 와중에 벨기에는 발 빠르게 움직이고 있다. 정부가 나서서 경량 주택에 관한 법률 제정을 준비하고 있는 것으로 알려졌으며, 브뤼셀 주택부 장관인 셀린느 프레모 Céline Frémault는 수도권 서민들을 위한 저렴한 주택이 부족한 문제를 타개하기 위해 총 100만 유로를 투입해 사십 채의 공공 타이니하우스를 짓기로 결정했다. 이는 타이니하우스가 자가건축가가 선택할 수 있는 하나의 주택 모델을 뛰어넘어 보다 공식적인 위상을 얻게 되었음을 보여준다.

앞으로 프랑스에서(또는 어느 나라에서든) 타이니하우스가 노지 야영이 금지된 캠핑족의 운명, 또는 카라반 전용 구역에서 서로 어깨가 닿을 정도로 밀집되어 주차할 수밖에 없는 카라반 캠핑족의 운명을 답습하지 않기를 바란다. 입법부가 이 '이동하는 작은 집'을 합법적인 주택의 대안으로 인정하고, 자유와 단순함을 추구하는 반항가적 정신을 지닌 이 집들이 어딘가에 정착하거나 자유롭게 이동하는 것을 허용하는 법률을 통과시켜 줄 것을 희망한다.

타이니하우스를
만드는 사람들

타이니하우스에서 사는 것은 대개 오랜 생각 속에서 구체화된다. 혼자서 하든 친구들과 함께 하든, 타이니하우스를 제작하는 것도 마찬가지다. 타이니하우스 제작을 전문 기업에 의뢰할 경우 미래의 소유주와 설계자(및 제작자) 사이에 충분한 대화가 이루어져야 한다.

미샤엘 델로즈와 브뤼노 티에리가 공동으로 운영하는 회사에서 이 '미니어처' 프로젝트들은 철저한 협력과 팀워크를 통해 완성된다. 이 회사에서 제작한 타이니하우스를 소유하려면 18개월은 기다려야 한다. 모든 작업은 망슈 지역에 있는 이 회사가 제안한 기본 모델들 중 하나에서 출발해 고객이 원하는 방향으로 수정하고 보강하는 방식으로 진행된다. 그 과정에서 고객과 얼굴을 마주하는 대화, 전화, 이메일이 여러 차례 오간다.

"이런 과정이 고객을 '당사자'로 만듭니다. 허심탄회한 의견 교환이 중요합니다. 고객의 성격을 발견하고 그들의 이야기를 이해할 필요가 있습니다."

미샤엘의 말이다. 이 작업을 바탕으로 첫 번째 초안이 작성되고, 이어서 인테리어 디자이너 쥘리 크루허스트가 스케치를 그려낸다. 그녀 자신도 2015년 5월부터 모르비앙에 있는 타이니하우스에서 살고 있다. 최종 도면에 도달하기까지는 2~3주가량 걸린다. 브뤼노는 기술적 측면의 유효성을 확인하고 미적 감각을 더하기 위해 정기적으로 자문한다.

브뤼노의 경험은 이들의 작업에 전문성을 보장한다. 그는 집짓기 분야에서 20년 이상 경력을 가지고 있으며, 2004년부터 목재 골조와 친환경 주택을 전문으로 하는 전통 목공 회사의 대표를 맡고 있다. 작업자 팀은 현재 8명으로 구성되어 있는데 모두 목수들이다. 한 명은 목공 장인이고 나머지 인원은 지붕 제작이나 목공 자격증을 가지고 있다. 원도原圖에서 나온 1/10 도면을 참조해 모두가 타이니하우스 제작에 참여한다. 그리고 인테리어 작업에는 배관공이자 전기 기사인 시릴 델로즈가 합류한다.